中共贵州省委宣传部、贵州大学
“部校共建”传媒学院专项资金资助出版

Xiwang Communication Library

贵州大学溪望传播文库

与网相伴：农村留守儿童的网络使用与自我认同

唐娟 著

WUHAN UNIVERSITY PRESS
武汉大学出版社

图书在版编目(CIP)数据

与网相伴:农村留守儿童的网络使用与自我认同/唐娟著.—武汉:武汉大学出版社,2021.4

贵州大学溪望传播文库

ISBN 978-7-307-22180-2

Ⅰ.与…　Ⅱ.唐…　Ⅲ.互联网络—影响—农村—儿童教育—研究—中国　Ⅳ.G61

中国版本图书馆 CIP 数据核字(2021)第 047117 号

责任编辑:唐　伟　　　责任校对:汪欣怡　　　版式设计:马　佳

出版发行:**武汉大学出版社**　(430072　武昌　珞珈山)

(电子邮箱:cbs22@whu.edu.cn　网址:www.wdp.whu.edu.cn)

印刷:广东虎彩云印刷有限公司

开本:720×1000　1/16　　印张:13.75　　字数:221 千字　　插页:2

版次:2021 年 4 月第 1 版　　2021 年 4 月第 1 次印刷

ISBN 978-7-307-22180-2　　定价:45.00 元

前　　言

20 世纪 80 年代以来，随着中国工业化、城市化进程的加快，大量农民离开家乡进城务工、经商，构成了中国社会一幅独特的人口流动图景。然而，城市高昂的生活成本和教育资源的壁垒，使得大部分进城务工人员不得不将孩子留在农村家乡生活，逐渐形成了一个规模庞大的群体——“留守儿童”。农村留守儿童处于个体社会化的重要阶段，正是自我认同形成的关键时期。与同龄人相比，父母的缺位、媒体的聚焦和过多的社会关注使他们自我认同的建立和发展面临着更为严峻的挑战。近年来，伴随着农村网络基础设施的改善和电脑、智能手机在农村家庭的普及，网络的接触和使用已成为农村留守儿童日常生活中不可或缺的一部分，对他们自我认同的形成与发展产生了深远的影响。在移动互联网背景下，系统、深入地探讨留守儿童的网络使用行为对他们自我认同的影响，具有重要的现实意义。

在本书中，研究者从传播社会学的视角出发，运用问卷调查法、深度访谈法等研究方法，对贵州农村地区的留守儿童进行了调查，以了解留守儿童的媒介接触和使用情况，尤其是网络使用情况。同时，研究者选择部分留守儿童、农村中学教师进行访谈，以深入考察留守儿童的网络使用行为，进而探讨网络自我呈现、网络交往、网络游戏等不同的网络实践对于留守儿童自我认同建构的意义，以期为理解农村留守儿童的日常生活与媒介实践提供一个新的视角与思路。

目　　录

第一章　绪　　论

一、研究背景

随着20世纪80年代以来中国工业化、城市化进程的加快，大量农民离开家乡进城务工、经商，构成了中国社会一幅独特的人口流动图景。然而，城市高昂的生活成本和教育资源的壁垒，却使得大部分进城务工人员不得不将孩子留在农村家乡生活，逐渐形成了一个规模庞大的群体——“留守儿童”。

进入21世纪以来，随着外出务工的进城务工人员数量增多，留守儿童的规模也在不断扩大。全国妇联2013年发布的《我国农村留守儿童、城乡流动儿童状况研究报告》显示，根据全国第六次人口普查资料样本数据推算，全国有农村留守儿童6102.55万，占农村儿童的37.7%，占全国儿童的21.88%，留守儿童规模持续扩大。① 近十年来，由于媒体的大量报道，留守儿童问题逐渐成为一个社会公共议题，引起了社会各界的广泛关注。尽管政府和各级机构采取了种种行动关爱和帮助留守儿童，但他们的心理、教育、健康、安全等问题仍然难以得到最终解决。近年来各地发生的多起留守儿童极端事件，凸显了这一群体面临的困境。

“自我认同”是心理学和社会学的重要概念，也是一个重要的研究主题。无论是在心理学、社会学还是人类学的研究领域，自我认同都是一项重要的研究内容，教育学、民族学、政治学等学科也给予了不同角度的关注。自我认同有着极其丰富的内涵与意义，根据埃里克森和吉登斯的理论，自我认同不仅是与自我意识、个体人格密切相关的心理现象，而且是指个体在社会发展中的反思性、自觉

① 参见 http：//www.jyb.cn/china/gnxw/201305/t20130511_537404.html。

性和一致性。自我认同是一个不断发展变化的动态的建构过程，它包括对“我是谁”“我来自哪里、去往何处”等命题的回答，是有关个人的“过去、现在与未来的叙事”(吉登斯，1998)，它帮助个体将过去经验与未来期望形成连续与统一，将内部自我与外界环境形成整合与统一。从主观层面来说，自我认同会使个体产生幸福感、满足感、自信感与目标感；从客观层面来说，自我认同能够帮助个体形成稳定的人格品质与心理特质，从而保持个体自身与社会环境的有效整合(贺倩如，2014)。

埃里克森的人格发展理论提出，青少年时期是自我认同的启蒙时期和关键时期，自我认同是青春期青少年发展的首要任务。对于农村留守儿童这一群体来说，他们既处于自我认同探索的关键时期，也处于个体社会化的重要阶段。家庭教育中父母的缺席对他们的自我发展产生了一定的不利影响，媒体的“放大式”聚焦和过多的社会关注又使他们的自我认知容易发生偏差。在这样的前提下，他们如何解决发展过程中面临的种种矛盾与冲突，建立自我认同，实现身心健康成长？这无疑是一个值得关注的问题。

以往社会学、传播学、心理学等学科的大量研究表明，媒介的接触和使用对青少年的成长和发展产生了复杂而深刻的影响。大众媒介被视为在家庭、学校、同辈群体之外，影响青少年社会化的重要因素之一。这种影响既有显性的，也有潜在的。随着信息传播技术的迅速发展，手机、电脑以及互联网进入农村家庭，网络的接触和使用逐渐成为农村青少年日常生活中不可或缺的一部分。且由于人口流动导致的农村社会“空心化”，留守儿童实际上成为农村互联网使用的主要群体。少数群体的媒介使用问题是传播学受众研究的经典议题之一，而在麦奎尔(2010)提出的“媒介-个人互动”模型中，个人认同(包括自我参阅、探索现实、强化价值等)是四种主要的媒介使用动机之一。对于在不利环境下成长的留守儿童来说，网络不仅是他们窥探外面世界的窗口，更是他们少年生活的陪伴者。Livingstone S. (1998)指出，来自不同社会、文化背景的儿童，有不同价值观、经验及生活形态，他们未必有同等机会以相同方式使用网络，因此我们有必要进一步审视，在移动互联网时代，生活在特定社会文化背景下的留守儿童如何使用网络，以及网络使用对他们自我认同建构产生的影响。

在当前的中国，农村留守群体是作为一个“弱势”的“特殊群体”受到社会广泛关注的。然而，留守儿童群体仍然属于“青少年”的范畴，他们身上首先具备一般意义上的青少年都具有的根本属性。跟其他的青少年一样，处于青春期的他们身体逐渐发育成熟，认知、情感和行为都在逐步发展，建立良好的自我认同是他们面临的最重要的发展任务。其次，留守儿童群体具有一定的特殊性。他们是在处于亲子分离状态的家庭中，由单亲或隔代监护人抚养成长的。家庭是社会化的重要场所，在许多研究中，父母被认为是青少年生活中的“重要他人”，父母的行为对青少年的行为有着巨大的影响。发展心理学认为，青少年渴望父母的爱与关心，需要父母的关注和陪伴(Kim Calc Dolgin etc.，1975)。由于长期处于生活家庭结构不健全的环境中，留守儿童的人格发展、人际关系、社会适应等方面都可能会受到不利影响。同时，由于他们的情感需求得不到满足，也比那些生活在完整家庭中的青少年更容易出现情绪和人格问题。

过去的学术研究在讨论留守儿童群体时，常常带有明显的“问题”色彩，普遍潜意识地假定留守儿童在心理性格、行为规范等方面存在问题。在媒体的新闻报道中，农村留守儿童大多任性、冷漠、内向、孤独、学习成绩较差，违法犯罪较多。可见，社会各界已为农村留守儿童贴上了“问题儿童”的标签。

媒介在青少年的日常生活中扮演了重要的角色，对他们的发展产生了重要影响，被认为是影响青少年社会化的重要因素之一。在农村传统的媒介环境里，电视曾经一度占据了主导地位。由于缺少父母约束，许多学者在研究中发现，留守儿童长时间居家看电视成为一种普遍现象，电视充当了留守儿童的“电子保姆”。21世纪初，互联网开始进入我国农村地区，由于经济原因，电脑和宽带在农村的接入率较低，留守儿童使用和接触网络的机会并不多。但随着近年来智能手机和4G网络在农村的普及，网络使用的成本下降，使得网络开始取代电视，逐渐主导了留守儿童的媒介时间。F. Krots (2002)指出，儿童的网络使用受制于不同的社会和文化过程，特别是儿童所属的个人处境。来自不同处境的儿童，不仅对网络有不同的认知，而且玩的方式与脉络也大异其趣。留守儿童青睐互联网，究其原因，一方面是由于在网上，他们不仅可以玩游戏、听音乐，可以找到他们想看的电影、电视剧、动画片、小视频等，还可以参与内容生产。另一方面，通过手机与互联网的联结，他们有了一个全新的自我探索的空间，与他人有了更多的交流和互动，满足了他们的社会交往需求。可以说，新的信息传播技术改变了农村留守儿童的成长环境和行为方式。这对他们来说，意味着什么呢？互联网给他们生活带来的改变，能否帮助他们在一定程度上摆脱不利的结构因素造成的发展困境、建立连续、统一的自我认同、化解成长危机？还是缺少父母管束的他们更容易沉溺于网络，产生更多的自我迷茫和困惑，加剧他们的困境？

对于留守儿童这一群体的媒介使用问题，过去心理学、社会学、教育学、传播学等不同学科都开展了一些相关研究，研究成果也很丰富。但是对以互联网为核心的新的媒介环境下，农村留守儿童的媒介使用行为关注不多，且很少涉及这一群体的媒介使用行为与其自我认同建构之间的关系。留守儿童是未来农村的主要建设者，他们的健康成长关乎农村的发展和国家的未来，直接影响到乡村振兴战略的实现。本书将以农村留守儿童为研究对象，结合认同理论及其他相关理论，勾勒移动互联网背景下留守儿童群体的媒介使用图景，探讨他们的各式网络实践是如何影响他们的自我认同建构的，以期为了解留守儿童的日常生活与媒介实践提供一个新的视角与思路，同时，为探索帮助留守儿童发展良好自我认同途径提供参考。

二、文献综述

1. 主要概念界定

(1)留守儿童。

留守儿童是中国社会转型期出现的一个特殊群体，但留守儿童并非中国所独有，国外也存在留守儿童群体。在发展中国家劳动力的跨国流动中，移民工人远赴海外工作，将孩子留在母国生活，从亲子分离的现状来看，这些孩子便属于“留守儿童”群体，但“留守儿童”是作为一个中国特有的概念被提出的。“留守儿童”目前还没有统一的定义，一般认为，留守儿童是指父母双方或一方在外务工而被留在户籍所在地，并因此不能和父母共同生活的未成年儿童(江立华、符平，2013)。也就是说，只要父母双方皆外出或一方外出务工超过一定的时间，其子女便可被认定为留守儿童。“留守儿童”一词的英文表述也不统一，如 parent-absent student、left-behind children、children left 等(叶敬忠，2005)。

目前，关于父母外出务工的期限，各方观点不一。如叶敬忠等(2008)认为父母外出务工半年及以上，范柏乃等(2007)定义为一年及以上。关于留守儿童的年龄界定，也并无统一的看法，王艳波等(2003)认为16岁以下，段成荣等(2008)认为14周岁以下，也有不少学者主张17周岁以下。《儿童权利公约》将儿童的年龄界定为18岁以下。全国妇联在对留守儿童进行调查时，将留守儿童的年龄界定为17周岁及以下，并将留守儿童按照年龄区分为幼儿(0~5岁)、义务教育阶段的儿童(6~14岁)，大龄儿童(15~17岁)三类(全国妇联儿童工作部，2013)。

参照以往研究文献对留守儿童的特征界定，结合研究群体的实际状况，本研究将研究对象“农村留守儿童”定义为：年龄在18周岁以下，在被调查时父母双方或一方外出务工，被留在农村地区交由父母单方、祖辈、他人照顾或无人照顾的儿童。

(2)网络使用。

所谓网络使用，在本研究中有两个层面的含义。首先，是指网络使用，即留守儿童接触和使用互联网的方式和程度，具体包括网络接入方式、上网频率、上网时长、上网地点等。其次，是指网络行为，即留守儿童在网络空间中从事的各种日常社会活动(黄少华，2008)，包括信息搜索、聊天交友、看视频、听音乐、玩游戏等。

(3)自我认同(self-identity)。

自我认同，即“self-identity”，是社会学与心理学的热门议题之一。在国内心理学界，“self-identity”有多种译法：①张春兴教授在《教育心理学》中译为自我统合；②车文博教授在《人本主义心理学》中译为自我认同；③孙名之教授在《儿童心理发展的理论》《弗洛伊德主义论评》《青少年：同一性与危机》中，黄希庭在《人格心理学》中译为自我同一性(郭金山，2003)。在西方，把“自我”与“认同”连在一起，形成“自我认同”概念，解析和阐释人们的行为选择、意识建构、情感流变与价值追求，形成自我认同理论，经历了一系列发展演变。

弗洛伊德(1923)提出了三重自我学说，他把自我划分为自我(ego)、超我(super-ego)和本我(id)，分别对应意识、良知和无意识，并指出了三者之间的关系。弗洛伊德认为，自我是人格结构中非常重要的部分，它处于“本我”与外部世界之间，它连接着本我与超我，协调着人格结构中各部分之间的联系，也协调着机体与环境之间的关系。

美国心理学家维廉·詹姆士(1890)第一次提出了自我(self)概念。“(self)指认识、行动着的主体，主要受后天和社会环境影响，是由生物性、社会性以及自我意识诸因素结合的有机统一体”，詹姆士将自我(self)划分为主我(I)与客我(me)两个部分。

米德(1934)承袭了詹姆士的观点，最早将“自我”的概念引入社会学。在《心灵、自我与社会》中，米德指出，自我的本质是一种社会结构，产生于社会的经验，自我的产生是一个社会的过程，是通过玩耍、游戏、角色的扮演以及与他人的互动形成的。在这一过程中，儿童通过模仿、学习、接触、观察和反思身边的人和物，采取“泛化他人”(the generalized other)的态度，自我得以形成。

认同(identity)一词最早来源于哲学，关于它的研究遍及哲学、心理学、精神分析、政治科学、社会学、人类学和历史学等学科，在不同的学科领域中，认同概念的内涵存在很大的不同。在现代社会学与社会心理学中，认同直接涉及“我是谁”或“我们是谁”“我在哪里”或“我们在哪里”的反思性理解。认同，通常又被译成同一性、统一性或身份，它是对“某一事物与其他事物相区别的认可，其中包括其自身统一性中所具有的所有内部变化和多样性。这一事物被视为保持相同或具有同一性”(James M. Baldwin，1998)。

心理学家埃里克森(1980)进一步丰富和发展了弗洛伊德的人格理论，最早提出了自我认同(self-identity)的概念。他认为，自我认同的内涵是指个体自身发展过程的一种内部结构，一方面，将个体的发展动机扩展到了意识层面，包含个体对自我身份的定位与认知；另一方面，强调了个体与环境之间的互动作用，包括个体对某个群体的理想与特征的内心趋同。

英国社会学家安东尼·吉登斯基于结构化理论对自我认同概念进行了阐释。他提出“结构的二重性”，认为自我认同是个体依据个人的经历所反思性地理解到的自我。自我认同一方面由现代性的诸多制度所形塑，另一方面也同时形塑着现代性制度本身。“自我认同并不是个体所拥有的特质，或一种特质的组合。它是个人根据其个人经历所形成的，作为反思性理解的自我。”(吉登斯，1998)

综上所述，学界对“自我认同”并无一个统一、完备的定义。根据以往文献，“自我认同”大致是指个体的内在自我、自我与他人、自我与环境之间存在的一种整合与平衡。它包含个体自我意识的同一性自我生活的归宿感和自我生命的意义感，它在探寻和回答“我是谁”“我应该成为谁”“我能成为谁”和“我不应该成为谁”这样一些基本问题中建构“我之为我”的信心、尊严和价值(姚上海、罗高峰，2001)。好的建构能使个体发掘出自己的独特性、与他人的共同点，以清除自己的发展方向，不好的建构则是不清除自己与他人的共通点，易依赖外在以评价自己(张春兴，1983)。

2. 自我认同的相关理论

长期以来，自我认同都是国内外社会科学研究中的重要议题。围绕自我认同这一主题，发展心理学、社会心理学等学科进行了大量的研究，形成了一系列理论。

米德的符号互动论。符号互动论关注个体的社会化过程，即人们是如何开始采用社会的价值观、标准和规范的？米德区分了“主我”与“客我”。“主我”是有机体对他人态度的反应；“客我”是有机体自己采取的一组有组织的他人的态度。米德(1934)认为，自我身份主要是通过游戏、玩耍、角色扮演，以及与他人的互动形成的。在自我形成的过程中，米德强调社会和人际互动对自我发展的影响，他认为“关键他人”(significant others)对自我行为的建立影响最大。

库利的“镜中我”理论。库利认为，人的行为很大程度上取决于对自我的认识，而自我是社会的产物，是通过社会互动而产生的。“自我”的发展经历了三个阶段：①我们设想自己在他人面前的行为方式；②做出行为之后，我们设想或理解他人对自己行为的评价；③我们根据自己对他人评价的想象来评价自己的行为，并据此做出下一步反应。一个人的自我意识或自我认同无非是他意识到的他人对自己看法的反映。每个他人都是自我的一面镜子，而每种社会关系也都反映着自我。进一步，这种反映构成了自我的身份(库利，1989)。

埃里克森的自我认同理论。埃里克森的人格发展理论将个体的心理发展过程划分为八个不同的发展阶段，每个阶段都要面临不同的发展任务和解决不同的危机。在青春期，青少年不仅要经历在生理上对性别明确区分的发展过程，还要在心理上适应和承受社会文化的急剧变迁所带来的价值观念的冲突，容易产生认同危机。因此，青少年面临的主要发展任务就是建立自我认同，明确自己的身份、现状以及未来发展的方向，逐渐化解认同危机。他提出了自我认同的三个重要组成要素：连续性、一贯性和一致性。他总结了自我认同的六种功能，分别是：①为个体提供整合过去、现在和未来的主观连续性感知；②为个体提供与父母、同辈群体达成认同的心理机制；③整合不同生活维度，使个体在生活情境转变时能保持一致性，提供了框架式的支持；④为个体突然出现的不连续体验感提供防御机制；⑤为社会群体比较提供基础；⑥为个体的生活提供方向感和指示性（Erikson，1980）。

玛西亚的自我认同状态理论。在埃里克森自我认同理论的基础上，玛西亚（1966）对自我认同概念进行了操作化。他将自我认同划分为探索和承诺两个维度，分别从结构、现象学与行为三个角度对自我认同进行实证研究：①个体对动机、能力、信念与个人历史进行内部自我建构的过程，当同一性结构形成之后，个体就可以独立完成自我知觉、自我评价、对他人的认知与评价，而不用依靠外部资源作出决定；②外界赋予的同一性经验与自我建构的同一性经验相互作用，个体根据经验逐渐认识到人的基本特征和所在社会环境中的位置；③个体在自我认同发展过程中可以被他人察觉到的外在表现形式与表现风格。他划分了四种同一性状态：同一性获得（identity achievement）、同一性延缓（identity moratorium）、同一性扩散（identity diffusion）及同一性早闭（identity foreclosure）。

Grotevant 的自我认同发展理论。Grotevant（1987）从动力学的角度对自我认同的发展过程进行了考察，构建了自我认同形成与发展的过程模型。他关注个体如何在环境中进行自我发展的过程，提出影响自我认同形成的因素包括：①人格因素，包括自尊水平、自我监控、自我恢复力、对经验的开放性、认知能力等。②社会环境因素，包括社会支持、社会文化、家庭关系、同伴影响、职业机遇等。③个人对探索过程的意识。

Adams 的自我认同社会理论。Adams（1996）把自我认同放置到社会环境中进行考察，提出了自我认同的发展社会模型（见表 1-1）。同时，Adams 对自我认同进行了划分，提出了个人认同与集体认同。Adams 等在实证研究的基础上提出了自我认同的五项功能。①为理解“我是谁”提供了结构；②为个体提供明确的发展方向、目标、人生观和价值观；③为个体提供清晰的个人控制感和自由意志体验；④帮助个体获得信念、行为以及价值观的内在一致性；⑤帮助个体挖掘并发挥出自身拥有的潜能。

表 1-1　　**Adams 的自我认同发展社会模型**

社会环境	自我认同的影响因素
微观社会环境	个体普通的人际交往与社会互动
宏观社会环境	不同文化的社会环境中特定的文化规范和价值观念等
中观水平	链接微观社会与宏观社会的一种中介环境

Cheek 的自我认同属性内容研究。在自我认同理论发展演变的过程中，心理学和社会学对自我认同涵盖的属性内容进行了探讨和界定。不同学者对自我认同内容的划分不尽相同，但大多肯定了“个人”和“社会”两项属性是自我认同的核心构成内容。Cheek(1982)提出，不同领域的认同内容实质上都是自我的属性。个人认同以私我(private self)的自我属性为基础，反映个体内在的心理特征与自我意识，包括个人的价值观、自我认知、心理状态等，同时还具有连续性与独特性的感觉。社会认同以公我(public self)的自我属性为基础，是个体与外界环境在互动中逐渐形成的认同，是反映个人的社会角色与自我的社会意识。Cheek 提出“认同重要性”(identity important)作为测量维度，在最早的 AIQ 量表中，他将自我认同的内容划分为个人认同(personal identity)和社会认同(social identity)两个维度进行测量。在随后的研究中，他还相继发现了集体认同(collective identity)和关系认同(relational identity)两个维度，并多次对 AIQ 量表进行了修订完善。

3. 网络使用与留守儿童自我认同的研究

(1)网络使用与青少年自我认同。

关于青少年媒介使用的研究表明，儿童和青少年使用媒体，可能是帮助他们建立或者保持他们的个体认同和社会认同。媒体使用可以影响青少年认同的形成，特别是在青春期早期的时候这种影响最明显(N. Huntermann & Morgan, 2001)。在以往大量关于电视对青少年影响的研究中，研究者普遍认为看电视能增加青少年的群体认同。对青少年而言，对媒体的选择发挥着认同标志作用，青少年以此来定义自我。

随着信息传播技术的发展，互联网改变了人们的生活，也改变了青少年的成长环境和行为方式，成为影响青少年身心发展的重要媒体。网络这种新的媒介形式如何影响青少年的自我认同受到了研究者关注，网络使用被认为对于青少年的认同发展具有相当程度的影响力。Crook(1998)认为，青少年正在使用互联网来表征自我、构建自我、确立自我存在与获得自我认同。由于青少年网络使用行为的多元化，他们的网络使用与自我认同之间的关系相当复杂。关于互联网与青少年自我认同的研究主题大致可分为以下四个类别：

第一，网络影响青少年自我认同的机制。互联网被认为是青少年实验和探索自我认同的理想场所，青少年在网络空间通过扮演不同角色来体验不同的自我(Matsuba，2006)。雷雳、陈猛(2005)依据 Bronfenbrenner 的生态学模型，从微系统、中系统、宏系统以及处于生态系统中心的青少年自身四个方面，分别论述了互联网使用与青少年自我认同的形成与发展的关系。Smahel(2005)研究了互联网对处于自我认同早闭、自我认同延迟、自我认同扩散和自我认同完成四种不同状态的青少年的影响，认为青少年的在线行为与离线自我认同状态基本相符，但是与现实环境相比，互联网可能增强探索并削弱承诺，增加自我表露。在网络空间中，青少年可以通过自我呈现、人际互动、角色扮演等行为发展和建构自我认同。

第二，网络自我呈现对青少年自我认同的影响。一些研究者指出，青少年通过因特网的使用能重构自己的身份(Yurchisin，2005)，在网上能更好地呈现他们真实或内在自我的一面。在对青少年社交网站使用的研究中，研究者发现，青少年的自我认同发展与社交网站的风格或选择有关(Livingstone，2008)，社交网站自我呈现通过线上积极反馈影响青少年自我认同，不同呈现策略对青少年自我认同的影响机制有所不同(刘庆奇等，2015)。Walther(2011)等的研究则表明，网络空间呈现具体人格特质后获得的好友反馈显著推动自我认同发展变化。杨桃莲(2017)在对大学生群体博客使用的研究中发现，大学生在博客中建构的自我是本我、现实我、理想我三种自我。匿名博客更有助于建构本我，实名博客更有助于建构现实我，而博客便于印象管理的特性，又使之能建构理想我。但网络新媒介对于主体身份日益去稳定性且碎片化，有可能干扰青少年自我认同的建构，如戴维·冈特利特(2004：78)所说，“我们几乎不可能拥有一个统一的、完整的、和谐的‘自我’。相反，我们都可能具有变化无常、多重的、相互冲突的‘自我’”。

第三，网络交往对青少年自我认同的影响。Maczewski(2003)指出，网络空间是青少年人际交流的一个广阔场所，在虚拟交往的过程中青少年能够发展他们的自我认同和自我概念。互联网丰富了青少年人际交往的手段，拓宽了青少年人际交往的范围。Walther认为，网络的使用使得青少年的人际关系有所转变，例如沟通模式、社会角色、性角色及认同(Bayraktar, Fatih & Zübeyit Gün, 2007)。与面对面的交往相比，以计算机为中介的交流(Computer-Mediated-Communication, CMC)具有匿名性、去抑制、社会线索减少等特点，青少年在其中就不会受到来自外部社会及现实人际关系的压力和限制，在与他人交往时更加自信、开放和坦诚。但网络交往导致的去个性化，也可能妨碍个体建立健康积极的自我认同：削弱个体的自我意识，降低其规范和约束自身行为的能力；降低个体对社会和他人的责任感，削弱个体进行理性的、长期的计划的能力。去个性化使得个体更少地关注他人对自身言行的看法，这已经被互联网中的恶意攻击现象所证实。

第四，网络游戏对青少年自我认同的影响。陈怡安(2002)认为，在虚拟的游戏中，玩家仅需扮演好自己的角色，便能得到快乐，也能进一步地达成自我实现的满足。李君如(2005)认为，线上游戏提供发挥想象力的空间，自由地选择、塑造身份，进行自我表演，且在同盟社群组织中，借由共同的兴趣、任务而结合，分享情感、经验逐渐发展出友谊、伙伴等人际关系，使人们得到“社会支持”与“归属感”。林雅容(2009)通过对大学生网络游戏行为的实证研究发现，青少年在网络游戏中形塑的自我认同建立在三个层面：虚拟与现实的自我展现、虚拟与现实的对价关系，以及他者观点的解读。

(2)留守儿童的自我认同研究。

关于留守儿童自我认同的文献不多。相关研究大多认为，留守儿童面临着自我认同的困境，并从不同角度描述了困境的表现，分析了影响留守儿童自我认同的诸多因素，就如何帮助留守儿童进行积极的自我认同建构提出了建议。

吴晓萍(2011)的研究表明，留守儿童的自我认同内在一致性、稳定性和连续性存在问题。杨燕(2016)在对边远山区留守儿童的研究中发现，46%的留守儿童自我认同感还处于发展和形成阶段，留守儿童的自我认同感发展状况低于同地区的非留守儿童；他们的自我认同问题主要表现在角色混乱、挫败感、焦虑感、自尊与自卑并存、价值观偏差五个方面。鲁汉杰(2016)从体貌特征与自我概念、打架好斗与自我主义、学业成绩与“差生标签”、人际交往与是非观等诸多方面的状况对留守儿童面临的自我认同困境进行了梳理与分析。这些研究认为，影响留守儿童自我认同发展的因素主要有留守方式、家庭结构、社会关爱、人际交往能力等。

张明皓(2017)基于结构二重性的视角考察了社会结构、留守儿童的日常焦虑以及建构自我认同的行动之间的互构机制。研究发现，不同留守圈层结构影响留守儿童不同形式日常焦虑的生成，留守儿童的日常焦虑同时具有自反性和不断再生产特性，这使留守儿童自我认同的建构行动具有持续性。留守儿童自我认同的建构正逐渐导向低层次化和个体化。

(3)留守儿童的媒介使用研究。

多项全国性调查显示，电视在我国农村地区的拥有率高达94%以上，几乎每个农村家庭都拥有电视。近年来，随着国家发改委、财政部、工业和信息化部“宽带乡村”试点工程的实施以及三大运营商“村村通”工程的推进，农村地区互联网普及速度加快，根据中国互联网中心2018年1月发布的报告，我国农村地区互联网普及率达到35.4%，网民规模为2.09亿。①《2015年中国青少年上网行为研究报告》显示，农村青少年网民达7930万，其中84.4%的农村青少年网民使用手机上网。②

从20世纪90年代末开始，留守儿童的媒介使用行为开始引起学者关注。这些研究大致可以分为两类。一类是留守儿童的媒介使用现状，另一类是媒介对留守儿童的影响。

关于留守儿童的媒介使用现状。研究发现，留守儿童接触最多的媒体是电视，且具有观看时间较长、收看动机主要是娱乐的特点。谢斌(2010)等通过调查甘肃省天水市留守儿童的收视行为发现，33.9%的留守儿童平均每天收看电视的时间超过3个小时，留守儿童平均每天开关电视频率明显高于非留守儿童；留守儿童最喜欢看的电视节目是影视剧和综艺娱乐类节目，最不喜欢的是生活服务类

---

① 参见 http://www.cnnic.net.cn《第41次中国互联网络发展状况统计报告》。

② 参见 http://www.cnnic.net.cn《2015年中国青少年上网行为研究报告》。

和专题类节目。王玲宁(2012)的调查显示，留守儿童各媒介接触率高低依次是电视、课外书、电影碟片、杂志、报纸、手机、互联网和广播。近年来，随着互联网在农村地区的普及，留守儿童的上网行为也引起了研究者关注。实证研究发现，在上网活动中，留守儿童最为偏好的是网络娱乐，如通过网络看视频听音乐等，其次是玩网络游戏和聊天(郑素侠，2012；王玲宁，2012)。

关于媒介对留守儿童的影响。以往关于媒介与留守儿童的研究大部分关注的是电视的影响。大部分研究倾向于认为看电视对留守儿童的社会化产生了负面影响，沉迷电视导致留守儿童社会交往减少，识读能力减弱，学习成绩下降等(孙华平，1996；柳友荣，1997；钱志亮、姜洁，2009)。李远煦(2007)在问卷调查和访谈的基础上，分析了电视收视对留守儿童道德状况、社会交往、学习、休闲生活的影响，研究发现，在农村留守儿童社会化的过程中，家庭的缺位，学校教育的补位不足，使得电视媒介在其社会化过程中充当了桥梁和伙伴的角色。然而，电视媒介内容的良莠不齐导致农村留守儿童呈现出道德水平落差大、社会交往能力差、学习成绩两极化以及休闲活动盲目化等特征。

关于留守儿童网络使用行为的一些研究发现，留守儿童喜欢上网的比例略高于非留守儿童，上网给留守儿童的生活、学习和人格发展带来了不良影响。留守儿童对网络的迷恋程度比非留守儿童要高，逃课上网的比例也高于非留守儿童，一部分留守儿童在网上接触过色情、暴力等不良信息，留守儿童迷恋上网对其人格的发展影响很大，有的留守儿童在网络影响下，性格变得孤僻、偏执(王秋香，2007；叶敬忠，2008)。

也有少数学者关注了媒介对留守儿童的积极影响。这些研究发现，电视除了成为留守儿童获取精神慰藉和获得消遣娱乐的工具(谢斌，2010；郑素侠，2012)之外，还在留守儿童的性别社会化、人际关系建构、人生观价值观塑造等方面扮演了积极角色，在他们的社会化进程中发挥了重要作用。

研究者发现，大众传媒在留守儿童的性别角色的社会化中起到了相当关键的作用。媒体内容与儿童的选择倾向是一种相互影响的过程。已有的性别社会化基础会使不同性别的儿童在节目内容的选择方面体现出差异，而媒体传播的信息又反过来强化这种性别差异(王秋香，2008)。留守儿童在使用电视的过程中形成了不少积极的自我认同，他们能够自觉地利用电视来抚慰孤单、汲取知识。比如在日常生活中找乐、社会交往、自我安慰与陪伴、拓宽知识面、励志，在电视中寻找生活上的榜样、塑造价值观(胡翼青、戎青，2011)。留守儿童的电视观看是一种能动的文化行为，体现了他们对“愉悦”的积极追求，对理想家庭的知识建构，以及对自我现实的关照，是其生存境遇的折射和体现(李艳红，2013)。电视对留守儿童的道德发展、生活技能起着促进和引导作用。电视媒介接触频次、接触时长、接触内容等的不同，对其社会化影响的程度也有所不同(魏盼盼，2013)。

以往关于留守儿童与媒介的研究中，学术界通过大量的实地调查，从不同的角度出发，使用了多种研究方法，获取了丰富的资料，也取得了一些有价值的研究成果。但是，还存在以下不足：

研究视角不够多元。首先，在众多对留守儿童媒介使用的讨论中，大部分研究者都是从单一学科视角切入，鲜见跨学科研究和交叉学科研究。其次，无论是心理学、社会学、教育学还是传播学的研究，大多倾向于媒介对留守儿童的影响偏向消极。某些研究者甚至将留守儿童等同于“问题儿童”，对留守儿童媒介使用行为和后果存在的“问题”描述较多，对媒介的积极影响研究不足。最后，过去传播学的相关研究大多在功能主义的视角下展开，以“文本—受众—效果”作为研究框架，重点关注的是媒介效果和行为模式。在当前的“媒介化”时代，媒介嵌入受众的日常生活，作为受众的留守儿童的媒介实践比过去更具丰富性和复杂性，需要我们从新的理论视角出发予以进一步关注和探讨。

缺少群体比较研究。已有研究中关于留守儿童媒介使用行为的描述，以及提出的相关问题，描述性研究较多，解释性研究不足。尤其缺乏对留守群体和非留守群体的比较，无法区分哪些问题是农村青少年共同的问题，哪些是农村留守儿童的问题。且这些研究往往将留守儿童视为一个同质群体进行研究，事实上，留守儿童的情况千差万别，监护类型、留守时间等因素都可能对留守儿童媒介使用产生影响。研究忽略了留守儿童群体内部之间的差异，更没有考察差异是如何产生的，还有待深入。

对新的媒介形态关注较少。已有的关于农村留守儿童媒介使用的研究大多局限于对电视收看行为的探讨。电视的确是留守儿童接触和使用较多的媒介，但随着网络、手机在我国农村地区的普及，在新媒体技术环境下，留守儿童的媒介接触和使用已经不再局限于电视收看这一类静态的行为，而是更加复杂化、去中心化和动态化。互联网在留守儿童生活中扮演着越来越重要的角色，甚至成为他们日常生活的一个基本组成部分。留守儿童如何使用网络？他们用网络来做些什么？与非留守儿童相比，留守儿童对网络的使用呈现出什么样的特点？他们的网络使用行为对自我认同产生了哪些影响？这些都是值得关注的新问题。

三、研究框架

在信息传播技术迅速发展的今天，互联网使用成为一种普遍存在的社会行为，在青少年的个体发展和自我认同建构中发挥着越来越重要的影响。农村留守儿童作为一个特殊的受众群体，“留守”究竟对他们的网络使用造成了何种影响？他们的网络使用具有什么样的特征？网络使用又是如何影响他们建构自我认同的方式和路径？为寻找这些问题的答案，本书从传播社会学视角出发，将留守儿童的网络使用置于社会文化背景中，运用传播学、心理学、社会学的相关理论对留守儿童的网络使用行为进行阐释，探讨不同的网络实践对于留守儿童自我认同建构的意义，以期在宏观社会结构的关照下，探讨微观的个体行为。

第一章交代研究背景，梳理已有研究的主要视角、研究问题和结论，概述研究框架与方法。第二章从描述农村留守儿童面临的认同困境开始，进一步考察家庭、社会、媒介三个层面对留守儿童自我认同的影响。

通过对调查问卷的数据分析，第三章较为全面地呈现了农村留守儿童的媒介接触和使用图景。考察了留守儿童的传统媒介使用行为和网络使用行为，包括使用时长、使用频率、使用偏好等，探讨了性别、年龄、监护类型、留守时间等因素对留守儿童媒介使用行为的影响。第三章还对留守儿童与非留守儿童群体进行了比较分析，同时对不同监护模式、不同留守时间的留守儿童群体之间进行了差异比较。

自我认同是一个多维概念。根据埃里克森的人格发展理论，在青春期，青少年不仅要经历在生理上对性别明确区分的发展过程，还要在心理上适应和承受社会文化的急剧变迁所带来的价值观念的冲突，容易产生认同危机。因此，青少年面临的主要发展任务就是建立自我认同，明确自己的身份、现状以及未来发展的方向，逐渐化解认同危机。在埃里克森理论的基础上，不同学科的学者对自我认同进行了操作化，测量维度和测量内容各有侧重。第四章通过对自我认同测量工具的修订，并基于对调查问卷数据的分析，讨论了农村留守儿童认同重要性现状及其影响因素。

社会支持是个体从社区、社会网络或从亲戚朋友那里获取的物质或精神上的帮助，主观幸福感是衡量个体生活质量的重要综合性心理指标。社会支持和主观幸福感水平，直接影响着留守儿童的健康成长。探索网络使用对留守儿童的社会支持和主观幸福感产生的影响，是具有重要现实意义的问题。第五章通过数据分析，讨论了留守儿童网络使用、社会支持与主观幸福感三者之间的关系。

自我呈现(self-presentation)是青少年在网络空间进行自我探索和建构的重要方式。作为一个被"污名化"的群体，留守儿童迫切需要摆脱偏见与歧视，得到他人的认可和接纳。但处于弱势地位的他们，很难有机会发出自己的声音，去反抗主流话语。互联网的"技术赋权"给留守儿童提供了更多的自我呈现和表达机会。在网络空间里，留守儿童可以根据自己的兴趣和偏好，选择呈现自我积极的方面，隐藏自我的某些方面。也可以尝试扮演不同的角色，重新塑造跟现实世界中的自我不同的一个甚至几个自我。同时，他们还能通过与他人的互动反馈来反思自我，探索自我认同的实现。社交媒体中的自我呈现成为留守儿童在线自我建构的重要途径。第六章从留守儿童的社交媒体使用入手，探讨留守儿童如何利用昵称与头像、个人资料、个人空间在线工具塑造自我身份，呈现"理想自我"，以及探索多元的自我。

人际交往与人际关系是青少年自我认同得以产生的基础。在农村日益"空心化"的今天，留守儿童的交往需求在现实生活中往往难以得到满足。于是，他们转向网络空间中寻求补偿，以满足自己的交往需求。第七章从亲子沟通、社会交往、社群互动三个层面，探讨留守儿童如何利用新的信息传播技术展开人际互动，以考察网络人际互动对他们的人际交往与认同建构产生的影响。

网络游戏是留守儿童最重要的上网活动之一。许多研究证实，网络游戏被青少年视为一种同伴群体之间的社交活动。网络游戏增加了留守儿童与同伴群体在线上、线下的互动。第八章对留守儿童的网络游戏实践展开分析，考察他们在网络游戏中的角色扮演、同伴互动等行为，阐述他们是如何利用游戏世界获取的文化资本去发展性别认同与身份认同。

第九章对农村留守儿童个案进行分析，对研究过程及结论进行探讨，分析研究的价值、意义、创新和局限。

四、研究方法

本书采取了混合研究方法，即定量研究与定性研究相结合的方法。具体来说，采取了问卷调查法、深度访谈和观察法，通过多种渠道收集资料，试图通过不同来源资料之间的相互印证，增强研究的信度。

本研究的实地调查于 2017 年 11 月至 2018 年 3 月在贵州省部分地区进行。之所以选择在贵州省开展调查，原因有二。一是贵州省位于欠发达的西部地区，历来是进城务工人员输出大省，根据 2016 年 6 月贵州省相关部门公布的数据，全省留守儿童数量达 109 万人，具有一定的代表性。二是笔者是贵州人，在家乡开展调查工作相对较为方便。调查采取非随机抽样的方法，在贵州省瓮安县、湄潭县选取了 3 所农村初中发放问卷，这 3 所初中在校留守儿童比例在 50%与 60%之间。瓮安县位于贵州省中部，隶属于黔南布依族苗族自治州，由于拥有丰富的磷、煤资源，该县经济发展水平在该州居于前列。A 中学、B 中学分别位于瓮安县的 A、B 两个镇。A 镇距离县城 26 公里，交通便利，且境内有大型煤厂、水泥厂等，经济发展状况较好。B 镇距县城 40 公里，辖区居民主要为附近水库库区移民，该镇近年来大力发展生态旅游业，经济发展水平在瓮安县乡镇中居于中等。湄潭县位于贵州省北部，隶属于遵义市，是一个典型的农业县，茶叶、米业、烟叶等产业是该县的主要经济支柱。C 中学所在的 C 镇距湄潭县城 24 公里，虽不算偏远，但基础设施建设较差，因交通不便、资源贫乏、自然灾害频繁等原因，经济比较落后，属于省级贫困乡镇之一，该镇所辖 80%以上的行政村都是贫困村。三个调查地点的农村劳动力多为跨省流动，外出者的务工地点主要集中经济较为发达的东南沿海地区，如广东、浙江、福建等，也有少数流入了贵州省的贵阳、遵义等城市。

1. 样本情况与调查对象选取

根据本研究对“留守儿童”的界定，留守儿童的年龄应在 18 岁以下。在正式调查之前，笔者曾考虑将调查对象分为小学生和中学生两类进行调查，并于正式调查之前在贵州省黔西南地区的农村小学生中开展了预调查。预调查后发现，小学四年级以下的学生对问卷理解比较困难，尚不具备自主填写问卷的能力，问卷完成情况较差。五年级、六年级的学生中，只有少数学生能够理解问卷题意并自主完成问卷，且班主任和访员需要对问卷题项进行大量解释和说明，即便如此，回收问卷的质量也不理想。同时，由于农村学校布局结构调整，经历了几次撤并后，调查地区的农村乡镇中学都不再开办高中，农村青少年需通过中考到县城的普通高中或职业学校就读。这些在县城上学的青少年平时不在农村生活，不符合本研究对研究对象的界定。就农村留守儿童群体而言，他们在初中毕业后，有一部分人离开农村到县城上高中，另外一部分人则会选择跟自己的父辈一样外出务工。无论是哪种情况，他们都不再具备"留守"的生活状态和特征。鉴于此，本研究最终确定将农村初中(七年级至九年级)在校学生作为调查对象。由于农村孩子上学年龄偏晚，农村初中学生年龄范围基本上在 11 至 18 岁。这一选择造成了样本的局限性，可能使研究无法呈现 11 岁以下的农村留守儿童的情况。

为了全面客观地了解留守儿童的真实情况，对留守儿童和非留守儿童进行群体间比较。同时，也避免在进行调查时对留守儿童造成无意的伤害。因此，笔者没有单独挑选留守儿童进行调查，而是在选出调查学校后，对该学校七年级至九年级部分班级的在校生进行整班调查。3 所学校共随机抽取了 14 个班级，发放问卷 620 份，回收问卷 602 份，其中有效问卷 556 份，问卷回收率为 97. 1%，有效问卷回收率为 89. 7%。在 556 个农村青少年样本中，父母一方或双方外出务工的留守儿童有 336 人，占样本总量的 60. 4 %。在 336 个留守儿童样本中，年龄最小者 11 岁，最大者 18 岁，平均年龄 13. 7 岁；男性 183 人，占比 54. 5 %，女性 153 人，占比 45. 5 %，汉族占比 86. 3 %，少数民族占比 13. 7 %。调查样本的来源分布如表 1-2 所示。

表 1-2 **调查样本来源分布(*N*=556)**

地 区	学校名称	样本数量(个)
贵州省黔南布依族苗族自治州	瓮安县 A 中学	140

续表

地　　区	学校名称	样本数量(个)
贵州省黔南布依族苗族自治州	瓮安县 B 中学	224
贵州省遵义市	湄潭县 C 中学	192

调查对象的年级分布如表 1-3 所示，七年级、八年级、九年级三个年级分布基本均衡。

表 1-3　　**调查样本的年级分布(N=556)**

		频率	百分比	有效百分比	累积百分比
有效	七年级	169	30.4	30.4	30.4
	八年级	179	32.2	32.2	62.6
	九年级	208	37.4	37.4	100.0
	合计	556	100.0	100.0	

由于笔者开展问卷调查的学校均建有详尽的留守儿童档案，笔者根据学校提供的留守儿童档案，按照立意抽样的原则抽取了 30 位留守儿童作为访谈对象，进行了一对一的深度访谈，每人访谈时间为 30~60 分钟。这些访谈对象年龄最小的 12 岁，最大的 16 岁，分布在七、八、九三个年级，男性 16 人，女性 14 人。就留守情况而言，有父母均在外打工的，也有单亲在外打工的；从监护类型来看，以隔代监护为主，也有上代监护和同辈监护的。笔者在研究中还对少量农村中学教师进行了访谈。

需要特别说明的是，为了保护研究对象的隐私，本书涉及的人名、地名、校名均作匿名处理。

2. 研究方法

(1)问卷调查。

问卷调查法，即以问卷为工具进行资料收集的调查方法，是最常用的社会调查方法之一。本研究设计的调查问卷主要用于了解农村青少年的媒介接触和使用状况，题项的设置包括网络使用时长、使用频率、使用年限，网络使用偏好、网络依赖程度等变量。问卷调查由笔者本人和3位新闻传播学专业的硕士研究生及本科生执行。在当地学校的支持和配合下，问卷采取在学生课间时间在教室内发放并当场回收的方式完成。在学生填写问卷的过程中，调研组对他们进行了现场指导和监督，说明注意事项、检查问卷、避免漏题和学生之间互相讨论，确保了问卷的回收质量。笔者与调研组成员一起，将所得有效问卷的数据录入社会科学统计软件SPSS20.0。随后，运用软件，采用描述性统计、独立样本T检验、方差分析、相关分析、回归分析等方法对数据进行分析。

(2)深度访谈。

深度访谈是社会科学定性研究中一种常用的研究方法。深度访谈能够了解受访者的所思所想和情绪反应、他们生活中曾经发生的事情、他们的行为所隐含的意义。与问卷调查相比，访谈具有更大的灵活性以及对意义进行解释的空间(陈向明，2000)。为了深入了解留守儿童日常生活中的媒介接触和使用行为及自我认同状况，笔者采取了半结构访谈法获取研究所需的资料。访谈主要由笔者完成，调研组其他成员承担了录音整理等相关工作。访谈开始前，笔者向访谈对象说明了研究的基本情况和保密原则，尽量消除他们的顾虑，并在征得访谈对象同意的前提下对访谈过程进行了全程录音，将录音如实全部整理为文字。

(3)观察法。

在实地调查的过程中，笔者进入调查对象日常生活的学校教室、宿舍、活动室等空间进行了观察。同时，在征得访谈对象同意的前提下，笔者通过将部分访谈对象添加为QQ好友，对他们的QQ空间进行了持续的观察，获取了部分图片、文本资料。此外，笔者还进入了部分访谈对象所在的班级QQ群进行了为期2~3个月的观察，获取了部分聊天记录作为研究资料。

第二章　解读留守儿童的认同困境

"我在家又要读书又要带弟弟，又要干地里的活，天(天)那么干，还要背水，我怎么办嘛！光说是下雨了要种苞谷，可是我还要上学呢，说来轻巧，做起来就难！"

——《中国留守儿童日记》

《中国留守儿童日记》的作者杨元松是贵州省安龙县万峰湖镇毛草坪小学语文教师、班主任。这本书收录了他的班级里26个留守儿童的220篇日记。一篇篇略显稚嫩的文字，真实记录了他们的孤独与成长，以及他们的快乐与烦恼。

20世纪80年代中期以来，随着我国经济体制改革的持续深入和城市化进程的不断推进，东部沿海城市对劳动力的需求激增，在经济相对欠发达省份，大量农村青壮年离开自己的家园，涌入城市务工，形成了一幅富有中国特色的人口流动场景。尽管也有一部分进城务工人员将子女带到城市生活，但由于受住房、入学等条件的制约，绝大多数外出务工的农民家庭，不得不选择将未成年的子女留在农村学习和生活，托付给他人代为照看，最终形成了一个新的社会群体——留守儿童。随着城乡人口流动的不断加剧，"留守儿童"的数量日益增多。

在中国，留守儿童既是作为一个社会群体，又是作为一个社会问题存在。虽然留守儿童自20世纪80年代中期农村青壮年大规模进城务工就开始出现，但是其作为社会问题进入公众视野，是在2004年前后《人民日报》《光明日报》《中国青年报》等全国性报纸报道之后。2013年，全国妇联发布《我国农村留守儿童状况研究报告》，该报告根据中国2010年第六次人口普查资料样本数据，推算出全国有农村留守儿童6102.55万，占农村儿童的37.7%，占全国儿童的21.88%。其中，小学(6~11岁)学龄阶段儿童的数量为1953万，占农村留守儿童的 32.01%；初中(12~14 岁)学龄阶段儿童的数量为 995 万，占农村留守儿童的 16.30%。从地区分布来看，农村留守儿童不仅广泛分布于中西部经济不发达的省份，而且也分布于江苏、广东、山东等东部经济发达的省份。调查表明，留守儿童最大心愿就是与父母团聚，使自己不成为留守儿童。因为和父母的长期分离，留守儿童生活照顾、安全保护和接受教育都受到不同程度的影响。①

根据中国科学院心理研究所课题组 2009 年对中国留守儿童研究的述评，对留守儿童心理和行为特点的认识主要包括以下几个方面：

第一，在自我意识方面，留守儿童一方面有严重的自卑感，对自己智力、外貌等方面的评价明显偏低，另一方面又存在明显的自我中心主义倾向；第二，在情绪问题方面，留守儿童情绪不稳定，容易出现躯体化、恐怖、敌对、偏执、强迫、人际关系敏感等问题，状态焦虑和抑郁的比例明显高于非留守儿童，并且存在年龄和性别差异，具体说，年龄越小问题越突出，女性比男性更突出；第三，在压力应对方面，留守儿童倾向于对挫折事件的结果做外部归因，并较多采用幻想、合理化、退避等不合理的应对方式；第四，在亲子关系方面，大多数留守儿童对父母充满怨恨，并有盲目反抗心理；第五，在人际关系方面，大多数留守儿童比较内向，受欺负或攻击现象突出；第六，在学业学习方面，大多数留守儿童学习态度不端正，较多有不良学习习惯，学习成绩容易下滑，厌学、逃学和辍学现象比较严重；第七，在社会适应方面，留守儿童有较多的违纪和违法行为，表现为抽烟、酗酒、不服管教，甚至出现赌博、偷窃、抢劫等违法行为(申继亮，2015)。

上述研究结论表明，跟非留守儿童相比，留守儿童无论是在心理上还是在行为上，都存在种种“问题”，这些问题无疑会给他们的自我发展带来或多或少的负面影响。留守儿童长期与父母分离，教养人教育方式不当、教育能力低、监管力度不够，学校和社会环境中的不良因素都是造成他们心理不健康的原因(黄俊霞、周春耀，2006)。而在影响留守儿童身心健康发展的诸多因素当中，“留守”究竟产生了多大的影响，仍然需要开展深入的实证研究进一步讨论。

所谓自我认同，就是有关个人的过去、现在与未来的叙事。在米德看来，“自我是某种不断发展的东西，它不是与生俱来的东西，而是在社会经验过程和

---

① 参见 http：//www.jyb.cn/china/gnxw/201305/t20130511_537404.html。

社会活动过程中出现的……自我，作为可称为它自身的对象的自我，从本质上说是一种社会结构，是从社会经验中产生的……完整的自我的统一性和结构，反映了一个整体的社会过程所具有的统一性和结果。与其说自我是一个实体，还不如说它是一个过程”。① “自我认同”以“我是谁”作为基本遵循来探讨自我与意识、自我与社会关系的同一性(姚上海、罗高峰，2011)。米德把完整的自我建构为主我与客我的统一，指出了个体与社会之间的互动关系。威廉·詹姆士(William Jams)在给他妻子的一封信中是这样描述自我认同的：“在精神的或伦理的态度上可以看清一个人的性格，在这种态度中，他有时会最深刻、最强烈地感到活力或充满生机。在这个时刻，仿佛有一个声音在内心呼唤：‘这就是真的我！’”(Herry Jams，1920)根据埃里克森的人格发展理论，人在不同的成长阶段面临着不同的人格发展任务，其中，形成具有连续性、一贯性和一致性的“自我同一性”则是人格发展任务的重要内容。埃里克森认为，青少年时期是同一性容易发生混乱，导致同一性“危机”的时期，建构自我认同是青少年面临的主要发展任务。建立同一性的过程，“既位于个人的核心之中，又位于社会文化核心之中”。

从关于自我认同理论概念的回顾中，我们不难发现，自我认同是在个体与社会的互动中形成的，自我认同的本质是一个社会文化过程。在当前中国社会急剧转型和乡村文化变迁的背景下，作为在特定历史时期出现的一个群体，农村留守儿童群体成长的社会文化环境具有一定的特殊性，如家庭中的亲情缺失和监护缺位，媒体过多的负面报道，来自外群体的过多关注等。这种特殊性对他们的自我发展产生的影响是多方面的。这在某种程度上意味着，留守儿童在自我认同探索和形成的过程中，可能遭遇跟同龄人不一样的认同危机。本章将着眼于影响留守儿童认同发展的外部因素，从家庭、媒介、社会三个方面讨论农村留守儿童的认同困境是如何产生的。

一、家庭环境与焦虑情绪

“好羡慕他们那些父母在身边的人，他们有爸爸疼、妈妈爱，像我们这种在外婆家的，就没有爸爸疼、妈妈爱，外公外婆对我们也很好，但是看着人家

① 乔治·H. 米德：《心灵自我与社会》，赵月瑟译，上海译文出版社2005年版。

那些爸爸妈妈在身边的人还是会很羡慕，也希望他们能来给我们开开家长会。”

——受访者 F14

家庭环境是影响儿童心理健康的最重要也是最直接的因素(钱铭怡、夏国华，1996)。关于留守儿童心理健康的一些研究表明，与非留守儿童相比，农村留守儿童更容易出现孤独、抑郁、焦虑等心理问题。其中，焦虑是农村留守儿童群体较为突出的心理问题之一。袭开国(2008)等对山东农村地区 1773 名中小学生的调查显示，农村留守儿童状态焦虑水平普遍比非留守儿童高。刘正奎、高文斌(2007)等对取自重庆、贵州两地乡镇的 667 名中小学生进行焦虑水平及相关因素的调查后发现，农村留守儿童在状态焦虑水平上要明显地高于父母均在家的儿童。

焦虑是个体情感的一种一般化状态。早在魏晋时期，诗人阮籍在《咏怀》中就有“终身履薄冰，谁知我心焦”的诗句，描述了自己不满朝政，内心焦虑的情绪状态。在西方心理学中，焦虑是作为一种人类心理失调的症状进入研究者视野的。弗洛伊德的精神分析理论对焦虑作了大量阐释。弗洛伊德(1986)认为，焦虑是自我对外部威胁情境发出的信号，是自我的一种心理防御机制，“出生是焦虑情感的起源和原型”，原初性的焦虑是婴儿与母亲分离时自动产生的，是他向外界发出的一个救援信号，是婴儿面对分离情境而生的心理无助感。罗洛·梅(2010)对焦虑的定义是“焦虑是因为某种价值受到威胁所引发的不安，而这个价值则被个人视为他存在根本”。他认为，焦虑主要有三个特征：一是无力与无助感，二是无对象性，三是感受的偏离性。哈里·斯塔克·沙利文(Harry Stack Sullivan)(1953)在分析焦虑时，也强调了婴儿早期的安全感源自看护者的培育，他认为，儿童早期对安全感的需要“比源于饥饿与口渴的冲动显得重要很多”。

拉康的“镜像理论”认为，婴儿从镜子中辨认出自我形象，这是自我意识到自身与周围世界存在差别的开始，自我的主体意识由此开始建构。不难发现，无论是弗洛伊德的俄狄浦斯情结说还是拉康的镜像说，都是将儿童的早期经验看作人类自我意识与人格形成的一个决定性力量，突出了家庭因素在人的心理成长中的巨大作用。

在吉登斯(1999)看来，从早期生活开始，看护者和婴儿就存在一种“基本信任”，正常环境中儿童对其看护者的信任可被视为一种抵御存在性焦虑的“情感疫苗”，即一种抵御未来威胁和危险的保护措施。婴儿害怕与原初看护者相分离，这种恐惧感与被抛弃感联系起来后，会促发焦虑的生成。当看护者在儿童的生活中缺席，与客观世界之建构性特征相关的自我认知变得模糊，逐渐增加的焦虑会威胁到儿童对自我身份认同的认知。

对于农村留守儿童而言，在成长的过程中，作为“看护者”的父母的缺席使他们缺乏爱与信任等体验，从而容易陷入焦虑状态。尽管父母离开后，他们被委托给了别的监护人如爷爷奶奶、外公外婆或其他亲属，但这些监护人的照看并不能代替父母的角色。亲子分离的经历让留守儿童的内心充满焦虑，与焦虑伴随的是无助、不安和被抛弃感，以及无助状态。当个体感到焦虑时，便很难形成一种连续的、统一的、稳定的自我认知。

1. 亲子分离与焦虑

什么是留守儿童？学界对此有不同的描述与定义，在此不再一一列举。但在这些不同的定义中，有一点是基本共识，即这些儿童由于父母外出打工经商，没有跟父母生活在一起，在亲子分离的状态下生活。在儿童的成长过程中，亲子关系扮演着重要角色，它帮助儿童形成最初的立场、观点和处理事物的方式方法，进而构成其个性的雏形(辛自强、池丽萍，2001)。亲子分离对儿童的心理发展的影响是多方面的，直接影响到儿童的情绪发展，特别是儿童的焦虑水平。以往研究发现，不论儿童与父母是完全短暂分离，还是间接短暂分离，均会引起儿童较强的焦虑(周福林、段成荣，2006)。由此可以推断，完整的家庭生活有利于儿童健康成长，而父母外出务工造成的“亲子分离”对留守儿童的身心健康成长产生了一定程度的负面影响。“爸爸妈妈在身边还可以对他们撒娇，跟他们说下自己的烦心事，有家庭的温馨的感觉。爸爸妈妈在身边跟不在身边感觉是完全不一样的，就觉得缺少父母陪伴，不像其他同学，在父母身边，要什么就给什么。”F10在访谈中告诉笔者。

要理解亲子分离对留守儿童的影响，我们必须要对留守儿童家庭亲子分离的具体状况进行分析。调查中(见表2-1)，笔者发现，留守儿童亲子分离的状况是较为复杂的，大体上有三种模式：一是父亲外出务工，二是母亲外出务工，三是父母亲均外出务工。

表 2-1　　留守儿童父母外出打工情况(*N*=336)

		频率	百分比
有效	父亲外出	145	43.2
	母亲外出	35	10.4
	父母均外出	156	46.4
	合计	336	100.0

数据显示，在我们调查的336名留守儿童中，父母均外出务工的情况占比最高，达到了46.4%，其次为父亲一方外出务工的占43.2%，母亲外出务工的情况占比较低，仅为10.4%。这一研究发现与叶敬忠等人的调查结论有较大差异，但与江立华等人的研究结论相近。叶敬忠对131名留守儿童的调查发现，父亲一方外出的情况占比最高，占82%，母亲一方外出的仅占2.5%(叶敬忠，2005)。江立华等人(2013)在对433名留守儿童的调查中发现，在三种模式中，父母均不在身边是最主要的亲子分离模式；在只有单亲外出的情况中，父亲外出打工，母亲留在家中照顾孩子是更多农村家庭的选择。① 不同研究者的研究结论存在较大差异，可能存在两个方面的原因。其一是研究者调查的地区不同，如叶敬忠的调查地点集中在西北地区农村，江立华的调查地点在湖南农村，而本次调查的地点是在贵州农村，地区之间的经济文化差异造成了亲子分离模式的差异。其二是调查时间的不同。从2005年叶敬忠的调查到本次调查，已经间隔了十余年时间，在这段时间里，农民外出务工的模式经历了一个动态变化的过程，从最开始的以父亲外出为主转变为以父母双亲均外出为主，这样能够在更大程度上改善农村家庭的经济状况。

对于留守儿童来说，父母突然的远离对他们的心理造成了一种创伤性体验，容易引发不良情绪，主要表现为孤独、自卑、抑郁、焦虑等。祖辈或亲属虽然能够勉强照料留守儿童的生活，却不能替代父母在儿童成长中的角色和地位。在调查中我们发现，无论是祖父母(外祖父母)、亲戚或是兄弟姐妹，都不能很好地

① 江立华、符平等：《转型期留守儿童问题研究》，上海三联书店2013年版，第54页。

照顾留守儿童的学习和生活，更不能从情感上给予他们关怀和支持。甚至有时候，由于(外)祖父母年迈体弱，不仅不能照顾留守儿童的日常生活，反而还需要他们的照顾。

以往关于留守儿童的大量实证研究表明，监护人是谁，不仅直接关系到留守儿童的生活质量，还对他们的心理、行为、教育等方面产生重大的影响。叶敬忠(2006)等人对我国中西部地区农村社区中的留守儿童的监护现状与特点进行研究后，将留守儿童的监护类型划分为单亲监护、隔代监护、上代监护及同辈监护四种监护类型。也有研究者将留守儿童的监护分为隔代监护、上代监护、同辈监护和自我监护(吕绍清，2006)。综合已有文献，本研究将留守儿童的监护类型划分为单亲监护、隔代监护、上代监护、同辈监护、自我监护五种类型(见表2-2)。

表2-2　**留守儿童的监护情况($N=336$)**

		频率	百分比	有效百分比	累积百分比
有效	单亲监护	137	40.8	40.8	40.8
	隔代监护	172	51.2	51.2	92.0
	上代监护	10	2.9	2.9	94.9
	自我监护	11	3.3	3.3	98.2
	同辈监护	6	1.8	1.8	100.0
	合计	336	100.0	100.0	

表2-2显示，父母外出务工后，51.2%的留守儿童生活在隔代监护的家庭中，由爷爷奶奶或外公外婆照看，40.8%的留守儿童生活在单亲监护的家庭中，跟自己的母亲或父亲一起生活(大部分是跟随母亲生活)，3%的留守儿童生活在上代监护的家庭中，由自己的叔叔婶婶、舅舅舅妈、姑妈姑父、姨妈姨父等长辈照看，还有1.8%的留守儿童跟自己的兄弟姐妹一起生活。另有3.3%的留守儿童没有监护人，自己独自生活。这里我们可以看出，隔代监护是留守儿童最主要的一种抚育模式。对于农村家庭而言，当父母都外出务工时，将孩子交给祖父母或外祖父母来抚养，显然是一种比较放心而且经济的选择，但隔代监护模式确实也容易出现各种问题。在调查中，有不少受访者谈到，跟老人们没有共同话题、难以

沟通，等等。

"我还很小的时候我爸爸妈妈就出去打工了，那时候我哥哥也还很小，我爸妈他们是在我们两个睡着的时候悄悄走的，我们都不知道。我爷爷和我们说，当后来他们会打电话给我爷爷，我和哥哥就生气，不接他们的电话。我和哥哥都是爷爷奶奶带大的，他们有什么事做不了的就会打电话找我爸爸妈妈商量，我知道他们的压力都挺大的。"(F1)

"父母都没有在家，都是和爷爷奶奶在家，有时候有自己的小秘密或者有什么事情，不能给爷爷奶奶说，想给父母说，但是父母也不在身边，觉得爷爷奶奶没有父母亲近。"(F14)

一些留守儿童很多时候不愿意承认自己的留守处境，但他们的内心对与父母团聚充满渴望，且常常不自觉地会把自己和其他同龄人进行社会性比较，而这种比较的结果往往会会给他们带来更多消极情绪。

"我爸爸妈妈离婚了，爸爸出去打工，一年回来一次。然后我就是在家和爷爷奶奶住。听我爷爷奶奶讲，以前还没有我的时候我爸爸就开始出去打工了，回来的次数也不多，不会经常在家，有几年也没有回来过年，爷爷奶奶把我带大的。我有时候还是希望爸爸在家多陪我一下，因为有时候成长的过程中缺少了父爱母爱，就感觉回忆里面少了那种色彩吧。"(F11)

"平时看到别的同学有父母在身边，父母拉着他们一起耍，但自己是孤孤单单一个人，会有一种孤独感。有时候一个人在学校住时也会缺乏安全感。"(F7)

由此可见，尽管留守儿童被父母委托给了其他人代为抚育和监护，但亲子分离给他们带来的不良情绪并没有得到真正的缓解。

留守时间也是了解亲子分离状况的一个重要变量。过去一些研究发现，留守儿童父母外出打工的时间越长，即亲子分离的时间越长，对留守儿童的负面影响越大。在笔者的问卷调查中，超过半数的留守儿童父母外出打工半年至两年，而外出两年以上的也占到了近两成(见表 2-3)。

表 2-3　　留守儿童父母外出打工时间(N=336)

		频率	百分比	有效百分比	累积百分比
有效	半年以内	79	23.5	23.5	23.5
	半年至一年	158	47.0	47.0	70.5
	一年到两年	36	10.7	10.7	81.3
	两年以上	63	18.8	18.8	100.0
	合计	336	100.0	100.0	

有一些与父母分离时间较长的留守儿童由于亲子关系的隔膜，对亲子分离的现状表示习惯。他们在不利的处境中社会化，已经学会和接纳了他们达不到的标准，认为父母在家还是不在家对自己的生活没有什么明显的影响。

"我爸妈在我三岁的时候就开始出去打工了，一般一年回来一次。我觉得他们出去这么久了，对我影响不是很大了，因为小时候到现在都已经习惯了。"(M3)

"我都不记得他们是什么时候开始出去的了，以前是两三年回来一次，现在基本上是一年回来一次。他们出去的影响，我都没什么感觉了，可能是觉得麻木了。"(M2)

也有一些受访者对父母外出务工表示了理解，认为"他们(父母)辛苦打工，也是为我们好，挣钱供我们上学"(F6)。

2. 亲子沟通与焦虑

亲子沟通是指父母与子女之间交换信息、观点、情感和态度，以达到共同的了解与互相合作的过程(王树青、张文新、张玲玲，2017)，是弥补亲子分离负面影响的一个重要行为。在调查中，我们发现，由于交通成本、工作强度等原因，不管留守儿童的父母是在离家较近的本省务工，还是在离家较远的东部地区务工，他们回家的频次都是比较少的。也就是说，留守儿童的家庭几乎是长期处于亲子分离的状态之中。因此，在这种状况下，亲子沟通作为留守儿童家庭亲子关系的“润滑剂”，在改善亲子关系中显得尤为重要。随着信息技术的发展以及智能手机的普及，亲子沟通的渠道更加多样化也更加便捷。那么，留守儿童家庭的亲子沟通呈现一种什么样的新特点呢？我们对留守儿童家庭亲子沟通的方式和频率进行了调查。

从表2-4可以看出，打电话仍然是留守儿童与父母联系的最主要方式。83.9%的留守儿童表示他们平时都与父母电话联系。但随着互联网和智能手机在农村地区的普及，移动互联网的便捷性使网络聊天(语音、文字)或视频聊天成为亲子沟通一个新的选择，14%的留守儿童使用这种新的沟通方式与父母联系。此外，还有1.8%的留守儿童选择用发短信的方式与父母沟通，用写信这种最传统的方式与父母进行沟通的仅有1位。

表2-4　**留守儿童与父母的联系方式($N=336$)**

		频率	百分比	有效百分比	累积百分比
有效	写信	1	0.3	0.3	0.3
	打电话	282	83.9	83.9	84.2
	发短信	6	1.8	1.8	86.0
	网络聊天或视频	47	14.0	14.0	100
	合计	336	100.0	100.0	

表2-5　**留守儿童与父母沟通的频率($N=336$)**

		频率	百分比
有效	基本不联系(每周少于1次)	33	9.8
	很少联系(每周1~2次)	141	42.0
	有时联系(每周3~4次)	137	40.8
	每天联系	25	7.4
	合计	336	100.0

在现代化沟通手段如此便捷的情况下，留守儿童和远方的父母沟通的频率究竟怎么样呢？调查数据表明，留守儿童跟父母的亲子沟通比较频繁。42%的留守

儿童每周跟父母联系1~2次，40.8%的留守儿童每周跟父母联系3~4次，还有7.4%的留守儿童每天都跟父母联系。同时，也有9.8%的留守儿童每周跟父母的联系少于1次。

“我和他们(父母)经常打电话，然后有时候用QQ或者微信联系，有时候还会视频聊天。也不都是有事的时候才会联系，有时候我自己心情不好的时候也会打电话和他们聊一聊，心情就会好一点。”(F1)

对于留守儿童来说，亲子沟通能让他们感受到父母的关爱。同时，亲子沟通在某种程度上能够缓解亲子分离给留守儿童带来的焦虑和不安全感等不良心理状况。

3. 生活压力与焦虑

较之在农村务农，外出务工可以获得不错的经济收入，因此留守儿童的家庭经济状况在当地普遍都在中等以上。从表2-6可以看出，在受访的留守儿童中，家庭经济状况一般及以上的占到了八成左右，而家庭经济状况在中等以下的只占两成。且初中尚处于义务教育阶段，学杂费用较少，平时在学校生活开销也比较少。在调查中，我们了解到，除了少数家庭比较贫困的留守儿童外，经济拮据并不是留守儿童主要的压力来源。留守儿童的生活压力主要来自于学业和家务。

表2-6 **留守儿童的家庭经济情况(N=336)**

		频率	百分比	有效百分比	累积百分比
有效	非常好	7	2.1	2.1	2.1
	比较好	16	4.8	4.8	6.8
	一般	245	72.9	72.9	79.8
	比较差	65	19.3	19.3	99.1
	非常差	3	0.9	0.9	100.0
	合计	336	100.0	100.0	

在媒体报道中，留守儿童一般学习成绩比较差。笔者在跟当地中学老师们的

交流中了解到，“家庭情况有一点影响，但也不是说所有留守儿童的成绩都很差，也有些还是不错的。像九年级2班，班上有好几个尖子生都是留守儿童。那些学习不好的大部分还是因为贪玩，还有就是家里人不管”（A中学张老师）。“读书改变命运”，这是在农村乡间常见到的宣传标语，出于希望孩子能通过上学实现“向上流动”的愿望，大部分的留守儿童父母还是比较重视孩子教育的，这也在无形中增加了孩子的压力。但这种压力并不一定都能转化成为孩子们勤奋学习改变命运的动力。受城乡教育资源不均衡、周边文化环境、家庭教育等影响，一些受访者的学业成绩确实并不理想。他们往往将自己学习成绩不好归因于亲子分离的生活状态，如“爸爸妈妈不在，外公外婆不识字，没有人辅导作业”，“作业不会做也找不到人问”，以至于“学习成绩受到影响”。也有受访者表示“我想读完初中出去打工，反正就是不想读书了”。

由于父母长期不在身边，一起生活的爷爷奶奶、外公外婆大多年迈体弱，留守儿童跟同龄人相比，往往更早地学会了干家务活，挑起了本不该由他们承担的家务劳动的担子。不少受访者都提到，自己“洗衣做饭什么都会做”，“上小学时就自己洗衣服”等。尽管他们显得比同龄人更“懂事”，但是爱玩毕竟是孩子的天性，他们对此还是多少会有一些抱怨。

> “我爸妈在我很小的时候就出去了，现在和爷爷奶奶一起住，做饭都是奶奶做的，我也会干一些活，比如掏海椒、背玉米这些，不觉得有多累，如果爸爸妈妈在了自己就不用做了吧。”（M1）
>
> “放假在家里，我会帮爷爷奶奶做一些家务，洗洗衣服什么的，我家里还有两个堂弟才刚上一年级，现在也是爷爷奶奶在带，我也会帮他们带我堂弟，放假比上学还累。”（F1）

除了应付学业之外，留守儿童还需要投入精力去应对各种生活琐事，在这样的生活压力下带来的无助感是在父母关爱呵护下成长的青少年难以体会到的。

> “我是比较懒的那种人，爸爸妈妈在的时候家里会很干净很整齐，因为妈妈是有强迫症的人。但爸爸妈妈不在，家里完全就像个狗窝，虽然我自己

也看不下去，但就是不想打扫。爷爷他们带我和我弟弟特别粗犷，一个星期都不给我弟弟洗一次澡，身上特别脏了都不管他。书包都特别脏了也不换一个。”(F10)

“爸爸妈妈在的时候真的是感觉自己想怎么做就怎么做，反正有爸爸妈妈宠着。爸爸妈妈在身边还可以对他们撒娇，跟他们说下自己的烦心事，有家庭的温馨的感觉。爸爸妈妈在身边跟不在身边感觉是完全不一样的。”(F12)

类似年迈的监护人离世这样的生活事件，也给留守儿童的生活带来了阴影，引起更多的焦虑。

“从小就是爷爷奶奶带我，但是前几天爷爷不在了，原来爷爷还在的时候，我自己要做的事情就比较少，现在很多事情感觉都是靠自己了。所以我觉得爷爷现在不在了对我的影响还要大一点。现在我回家奶奶都会把饭做好了。我没有想过他们现在不在家，我会很想他们或者心里觉得很烦躁害怕什么的，没有想过这些。但是我有考虑过万一我奶奶也不在了，我自己该怎么办，就比如自己该去哪吃饭。”(M3)

二、我们是谁

社会身份是个体自我概念的一部分，源自其特定知识，这种知识涉及一个社会群体(或多个社会群体)的成员资格以及与之相连的价值和情感意义(布朗，2007：202)。社会身份理论主要关注的是特定的族群或社会群体(往往是相对弱势的)，比如妇女、移民、少数族裔等，从这些主流之外的“他者”的角度出发，看他们如何界定自我的身份。福柯认为，话语即权力。随着媒介的不断发展，在身份认同的形成过程中，媒介话语的建构显得日益重要。大众媒介为人们提供各种话语、信息和解释框架，帮助人们形成特点的观念、态度和行为，改变人们对自我和他者的认知。“留守儿童”这一群体得以建构并受到社会关注，与大众传媒的表达与呈现是密不可分的。

20世纪80年代，随着大量农民涌入城市务工的“民工潮”，留守儿童这一群体开始产生且规模日益扩大。但是这一群体真正引起社会的广泛关注，并被冠以“留守儿童”这一称呼，是源于2004年前后新闻媒体的大量相关报道。在某种程度上，新闻媒体的报道使得留守儿童作为一个社会问题进入公众视野，并直接推动了学界的研究和讨论。

1. 大众传媒与留守儿童的“污名化”

“污名”(stigma)一词最早出现于古希腊。戈夫曼将“污名”定义为个体的一种丢脸的(discredited)不受欢迎的特征。这种特征降低了个体在社会中的地位，使他从一个完美的、有用的个体变成了一个有污点和丧失了部分价值的人(戈夫曼，2009)。污名化是将某些个体或群体的偏向负面的特征刻板印象化(derogatory stereotype)，并以此来掩盖其他特征。刻板印象认为特定群体的所有成员都具有相同的特质，这些特质界定了这个群体，同时也将该群体与其他群体区分开来。

2004年以来，一些全国性媒体和地方媒体开始报道留守儿童问题。媒体报道主要涉及留守儿童面临的学业、生活、心理健康等问题，以及各地政府解决留守儿童问题的政策与措施。不可否认，大众媒体对留守儿童的大量报道，引起了社会各界对这一群体的关注及政府有关部门的重视，对推动留守儿童问题的解决发挥了一定的积极作用。但是，媒体对留守儿童的报道取向和报道内容也存在一定的片面性。一是负面报道过多，大多倾向于呈现留守儿童在学业、生活、心理等方面面临困境和出现的偏差；二是对一些留守儿童极端事件如自杀、强奸、吸毒等渲染过度等问题，容易影响公众对留守儿童群体的理性认知，导致对这一群体甚至相关地区的“污名化”。

如2015年，贵州毕节七星关区发生一起留守儿童兄妹自杀事件。该事件引发媒体的大量报道，从中央媒体到地方媒体，都关注了这一事件。这些报道大多聚焦了留守儿童的生活困境和心理问题。凤凰网为该事件开辟了专题网页，标题为《绝望的童年——毕节4留守儿童喝农药身亡》。该专题的头条是一篇成都商报记者采写的稿件《媒体还原贵州毕节服毒兄妹的最后一夜》。摘录部分如下：

自杀前关键词：烧书、害怕、浮肿

几名女老师就开始劝孩子们明天就去学校，其中最小的孩子张启味就说，书包和书被哥哥撕了、烧了。当晚进过现场的村张宗义则告诉成都商报客户端记者，他到现场时第一时间找到了3个孩子，但老二则找了半个小时，最后才在沙发下的窟窿里找到了。

他描述，当时孩子们都是害怕的表情，都没有穿鞋，一位女老师跟着做孩子们的思想工作，当时房间里没有书本焚烧的气味。

潘峰见好不容易进了孩子们的房间，立刻电话通知了乡政法委书记胡海峰。胡海峰接到消息后，立刻叫乡卫生院的白梅医生和村干部张胜骑摩托车赶到4个孩子家。当时，他已听说老二和老三脸皮浮肿，据说是互相殴打造成，“我喊白梅医生一起，好给他们做检查。”

医生检查后认为，两个孩子的脸皮浮肿，并不是营养不良导致。同时，他还检查了两个孩子的手指和脚趾。

自杀前关键词：屎尿、汗臭、没鞋

这是胡海峰第一次进孩子们的家，他发现这个家虽然有电视机，沙发等设施，但布局十分凌乱。张又介绍，屋内还有一种屎尿味，他们将一间房子做厨房，挨着的房子做厕所，平常都是小便，偶尔还大便。都直接屎尿撒在地上。他称，二楼有床铺，但孩子们都在三楼的地板上。

见此场景，胡海峰就交代潘峰，要给孩子们送几袋米，每人头几身衣服，如果他们没鞋穿，每人还要买双新鞋子。见老大头发长了，他要求(下属们)次日带孩子找个地方理发。而男孩子也答应。第二天妹妹去上学，一行人便在9点左右离开了。离开前，胡海峰还交代大男孩：“爸爸好久不在家，但你一个人照顾3个妹妹很辛苦，再过几年你们长大了，一切都会好起来的。”他感觉到，房间里到处是汗臭。

自杀前关键词：计划、遗书、你们

一行人离开大约一个半小时之后，孩子们便自杀了。毕节官方最近发布了孩子的遗书。孩子称：“谢谢你们的好意，我知道你们对我好，但是我该走了。这件事情其实计划了很久，今天是该走的时候了。”

以上报道通过对农村留守儿童生活环境和生活细节的描写，呈现出留守儿童生活贫困、不讲卫生、性格孤僻的形象。此外，凤凰网的这个专题页面还链接了数条跟贵州毕节留守儿童有关的负面新闻，包括《毕节留守女童被强奸》《毕节流浪儿童闷死垃圾箱》等。

陈世海等人在分析了关于留守儿童的1000篇新闻报道后发现，在媒体对留守儿童的报道中，77%的报道呼吁全社会要关注、关爱留守儿童，近六成的报道介绍了解决留守儿童问题的对策，48%的报道对各地解决留守儿童的政策进行了宣传。总体上来看，新闻报道最多的主题是留守儿童的“问题”，反映留守儿童正面、积极形象的报道数量很少。该研究对134篇关于留守儿童的负面报道进行了关键词分析，将留守儿童自身的问题分为三种类型。第一，行为偏差型。关键词中排位最高的是“犯罪”，出现了31次，“行为失范”出现了19次，排名第四，“网瘾”出现了12次，“暴力”出现了9次。第二，学习偏差型。出现频次最高的是“厌学”及“成绩差”。第三，心理偏差型。主要的关键词为“孤僻”“心理失衡”“自卑”“自闭”，这一类型中出现的关键词还有“冷漠”“内向”“懒惰”“自负”“偏执”等(陈世海、詹海玉、陈美君、文四海，2012)。

斯图尔特·霍尔(2003)指出，“在信息生产—流通—分配—消费—再生产的新型传播模式中，信息生产者与信息消费者在发送和接收信息时的主体能动性非常重要”。① 媒体在选择留守儿童的新闻报道素材时，为了强调事件的“反常性”以吸引公众注意，导致报道中对留守儿童“问题”的不断强化。尽管报道的初衷是呼吁社会关注留守儿童问题，但受众并非只是被动地遵循编码者的意图来接收信息，而是在信息解读过程中“主动地”进行解码，并从这一过程中生成意义。从上述研究中我们不难看出，在以精英话语为主导的大众媒体的叙事中，留守儿童被建构为“弱势群体”和“问题群体”。媒体虽然借助报道呼吁社会关注和重视留守儿童问题，但其在报道中呈现出来的留守儿童形象主要是厌学且成绩较差、性格孤僻，容易出现心理问题，甚至出现犯罪行为，成为现有社会秩序潜在的威胁者。这些个案在留守儿童群体中确实存在，但并不具有普遍性。这样的个案报道反复出现，容易让公众混淆留守儿童“面临的问题”和“自身的问题”，产生一

① 斯图尔特·霍尔：《表征——文化表象与意指实践》，徐亮、陆兴华译，商务印书馆2003年版。

种推论，将留守儿童与“问题儿童”等同起来，形成对留守儿童的负面刻板印象。

2. 媒介建构与留守儿童自我认知的差异

大众传媒是一把“双刃剑”，在一定程度上引起了社会、公众对留守儿童现象的关注和重视，但过多的负面报道也造成了这一群体的社会价值、社会地位降低。如果说大众媒体对留守儿童的“问题化”报道直接导致了留守儿童这一群体的污名化和刻板印象。那么，作为“被污名者”，留守儿童群体自身怎样看待“留守儿童”的媒介形象？媒体的报道是否会影响到他们的自我认知和自我评价呢？

要客观地认识和理解留守儿童问题，我们不仅要知道媒体是如何报道和呈现留守儿童，更需要了解留守儿童如何看待自身，如何看待他们与非留守儿童的差异。在调查中，我们询问了他们有没有看过电视或网上关于留守儿童的报道？对这些报道怎么评价？这是访谈中唯一提到“留守儿童”这个词的问题。我们发现，大多数受访者并不喜欢“留守儿童”这个词，有的孩子甚至对“留守儿童”这一说法相当反感。尽管笔者在访谈时尽量使用委婉的表达方式，还是有好几位受访留守儿童对这个词表达了比较强烈的抵触，甚至有受访者回答“我不知道什么是留守儿童”。可见，许多留守儿童已经意识并了解到公众对这一群体的污名化印象。以下是部分受访者的回答。

“没有看到和听到过这些消息，但听老师说过，网上评价说留守儿童很可怜，我有时候也会觉得自己很可怜，特别是没有钱的时候。但是没有他们那么惨。”(M1)

“我好像在中央台的十二频道有看到过，我看到的那个好像是说他爸爸妈妈都出去打工很多年了也不回来，他自己就一个人生活，太可怜了！感觉都不太像真的，反正我感觉我们现实生活中不是像那个样子。”(F1)

“我看到过留守儿童自杀的新闻，我觉得可能是他们心理上出问题了，或许是没有人管他们吧。但是我觉得自己没有什么问题，网上说的这些事和我们的生活不太一样，我感觉自己过得还挺好的。”(M2)

“好像有看到过一些新闻，不过忘了是什么时候看到的了，内容也记不住了。我感觉网上说的不完全真实吧。我们的生活会有一些困难，我感觉和其他同学比的话心里也会有一点点不太乐观，但是也不会有特别大的心理压力了，还没那种感觉。我们班父母出去打工的同学不算特别多，然后好像有些同学感觉比较内向，我觉得应该是他爸妈不在身边，他很少说话所以才这样吧。”(M3)

“我觉得把电视上把留守儿童拍得有点可怜。我看过一个新闻，但不知道是真的还是假的。就是说留守儿童在家里面被人欺负。可能因为父母不在身边，就有同龄人来欺负他。但是我感觉这种现象没有存在，至少在我身边没有。”(F9)

这些叙述反映了留守儿童自身对媒介建构的“留守儿童”形象的认知，可以归纳为以下两点：第一，认为媒体对留守儿童的报道不是完全真实。新闻报道中关于留守儿童生活境遇的描述，以及对这一群体的“问题化”呈现与他们的主观经验并不一致。第二，认同自己“留守儿童”的身份，但他们又有意识地与这一身份拉开距离。他们认为自己与普通儿童相比，在心理、行为等各方面并不具有独特性。

如前文所述，“留守儿童”从一个社会现象发展成为一个社会问题，经历了一个较长的社会建构过程。然而，我们在研究中发现，“留守儿童”自身对这一群体的认识与人们的普遍认识迥异。可见，这一身份以及这一身份具有的特质是外界赋予他们的，并非留守儿童这一群体的自我认同形成的。在他们心中，对“留守儿童”这一身份的认同充满矛盾。一方面，他们认为除了父母在外地工作之外，自己的生活跟其他孩子没有什么不同；另一方面，即便认为自己跟媒体报道中的“留守儿童”不一样，他们还是对外界赋予的“留守儿童”身份予以默认。这表明，大众传媒对留守儿童群体及其相关主题的建构，不仅影响着社会公众对留守儿童群体的认知，同时也对这个群体的自我认知产生了一定的影响。

三、我们需要关爱吗

在新闻媒体大量的报道特别是留守儿童极端事件报道的助推下，留守儿童问题成为社会关注的焦点，并迅速上升为一个重大社会问题。上至国家、政府，下至单位、企业、社会组织和个人，逐渐开始关注重视留守儿童问题，向“留守儿童”伸出关爱之手，建立相应的救助机制，这对建立和完善保护留守儿童合法权益的法律法规和政策措施，推动留守儿童问题的解决具有积极意义。但是，我们发现，这也使得留守儿童遭遇了身份标签的“再强化”。

在笔者调查的贵州省，由于多次发生留守儿童极端事件，当地政府和教育部门对留守儿童问题极为重视。在2015年毕节留守儿童自杀事件发生后，贵州省出台了《关于进一步加强留守儿童困境儿童关爱救助保护工作的实施意见》，要求建立“政府、社会、家庭”三位一体的关爱救助保护体系，采取多项措施开展留守儿童的救助工作。① 在湄潭县C中学，按照县里相关部门的要求，全校留守儿童进行了“建档立卡”。在征得学校同意后，笔者在调研中调取了“留守儿童档案”进行查阅。该档案中详尽记录了全校300余名留守儿童的基本信息和家庭状况，包括父母外出情况、监护人情况、家庭经济来源等，达20余项。为了加强留守儿童与父母间的交流和沟通，缓解留守儿童的心理焦虑情绪，学校建设了“留守儿童之家”，设立心理咨询室和亲情视频聊天室。此外，学校还建有“乡村少年宫”，开设手工、象棋、书法等课程(见图2-1、图2-2)，丰富留守儿童的课余生活，保证留守儿童的身心健康发展。

图2-1　乡村少年宫象棋教室

① 参见http：//gongyi. gog. cn/system/2015/09/06/014529016. shtml。

图 2-2 乡村少年宫手工教室

在该校一名管理老师的陪同下，笔者走进了“留守儿童之家”。“留守儿童”之家位于一栋校舍里面，楼下设置了一个“关爱留守儿童”宣传栏(见图 2-3)。留守儿童心理咨询室和视频聊天室各占了一个单独的房间，房间面积不大，但干净整洁。心理咨询室里面摆放了一套沙发和茶几，还有一个书柜。视频聊天室里有两台台式电脑，都安装了网络宽带，外接有视频摄像头，视频聊天室的门口张贴了该校的留守儿童“台账”，上面有留守儿童的姓名、班级等信息(见图 2-4、图 2-5)。

图 2-3 关爱留守儿童宣传栏

图 2-4　留守儿童亲情聊天室门外

图 2-5　留守儿童亲情聊天室

在政府相关部门的推动下，心理咨询室和亲情视频聊天室在贵州乡村中小学几乎实现了全覆盖。公开资料显示，仅在贵州省黔东南侗族布依族自治州，就建有“亲情视频聊天室”1075个。学校管理员王老师告诉笔者，心理咨询室和亲情视频聊天室定期对留守儿童免费开放。针对部分留守儿童家长文化程度较低，对上网不熟悉等问题，学校还通过组织培训、家访、电话联系等方式，与留守儿童家长沟通，教会他们申请QQ、学习上网聊天，帮助他们顺畅地与留守儿童沟通交流。王老师介绍说，尽管学校采取了各种措施，事实上，心理咨询室和亲情视频聊天室的使用率并不高。调查期间，我们并未观察到留守儿童使用视频聊天室的情况。在对C中学留守儿童的访谈中，我们了解到，一些留守儿童并不愿意使用视频聊天室，而更愿意使用自己的手机跟父母沟通。以下是笔者对C中学留守儿童F7的部分访谈记录。

问：你的爸爸妈妈在哪里打工？

答：他们都在广东。

问：你到视频聊天室来跟远方的父母视频过吗？

答：没有。我从来没有去过。

问：视频聊天室挺方便的，为什么不去呢？

答：嗯……我知道那个地方，但是不知道在那里可以做什么，我跟父母视频都是用自己的手机，这样更方便。

据湄潭县C中学的工会主席高老师介绍，每个学期都有一些爱心单位、企业或公益组织来学校开展一些针对留守儿童公益活动，活动内容有“赠送学习用品”“趣味文体活动”等。校方认为这样的活动体现了社会的关爱，能为留守儿童提供一些帮助，有益于他们健康成长，“效果很好”。可是，孩子们却有不同的想法。

“我自己也是留守儿童，但是呢，我不喜欢学校里的这种活动。因为我觉得这种活动有一点啰嗦（烦琐），反正我不太喜欢，因为我觉得自己爸爸妈妈出去是为了赚钱给自己读书嘛。那些活动对有些需要帮助的人有好处，

但是我不喜欢那个，感觉自己不需要。”(M13)

社会的关爱与救助，一方面，的确给留守儿童在经济上、生活上提供了一些实实在在的帮助。另一方面，对自尊心极强的留守儿童而言，这也在客观上造成了对他们“身份标签”的一种强化。身份认同具有自我展示和自我保护的功能。有研究指出，当弱势社群成员感觉到所属社群在声望上和权势上都比不上其他社群时，为了维护自尊，会采取一些应对方法(赵志裕、温静、谭俭邦，2015)。当“留守儿童”成为一种污名后，为了避免歧视和偏见，作为污名群体成员的他们，为了让自己跟别的孩子一样“正常”生活和交往，会有意识地隐匿污名。在周友娟(2016)的论文《留守儿童的日常生活空间及成长机制研究——以三位“积极型”留守儿童为例》中，有一段对留守儿童小英的访谈记录：

> “学校里有时候会有什么志愿者过来，在教室前面拉个什么关爱留守儿童之类的横幅，然后那些穿了志愿者衣服的人就会给我们发一些没人要的杂志啊、糖果啊什么的。我并不喜欢这样的活动，也不需要他们这些没有用的东西，不需要他们的帮助，我觉得我们虽然不能跟爸爸妈妈长期生活在一起，但是我们有爷爷奶奶的陪伴，有小伙伴一起耍。其实我们哪有几个人想要他们发的书呀，很多同学会很兴奋主要还是因为可以逃掉一节课，只要配合他们玩玩就好了，多安逸……本来没有觉得自己有什么不一样，突然有一百个人跑过来嘘寒问暖，就会觉得也许我真的是这样的。”(小英)

轰轰烈烈的救助机制，“建档立卡”“关爱慰问”等行为和活动，虽然出发点无可厚非，但由于方式方法比较粗放，且呈现出“高高在上”的精英姿态，反而并不受孩子们的欢迎。对于一些孩子来说，这样的活动让他们原本“可隐匿”的污名被强制性地公开化，导致他们负面的心理体验，带来更多的心理压力与焦虑。

本章小结

“留守”原本只是一种生活状态，许多留守儿童也有从“非留守”到“留守”，或从“流动”到“留守”，几种生活状态间来回转换的经历。但伴随着媒体的大量负面报道，“留守儿童”逐步成为一个被社会建构起来的“污名群体”。“污名化”化使“被污名者”自我认知为弱势群体，产生比较强烈的羞耻感、不平感、社会隔离感(陈世海、詹海玉、陈美君、文四海，2012)。

农村留守儿童首先是儿童，他们具有普通青少年的特征。其次，他们生活在农村，生活在亲子分离的家庭环境中。因此，留守儿童群体成长的社会文化环境存在一定的特殊性，这种特殊性必然对他们的自我发展产生影响。这意味着在自我认同探索的过程中，他们可能面临比同龄人更多的问题。本章从家庭、媒介、社会三个层面讨论了留守儿童的认同困境，发现家庭亲情缺失导致的日常焦虑，媒介“污名化”形象建构与自我认知之间的矛盾，社会关爱带来的不良自我体验，导致了留守儿童的认同困境与身份焦虑。

我们在研究中发现，“留守儿童”这一称谓并没有得到孩子们的普遍认同，留守儿童的自我认同与社会建构的“身份”之间存在着深刻的冲突。这种冲突体现了“个人身份”与“社会身份”之间的张力。个人身份和社会身份是两个相对独立的有关自我概念的亚系统。“个人身份”包括个人认同，是个体自己确认和界定的，是一种主动的认同，其对自我的描述“在性质上是更加个人的，并且通常标示个人的具体特质”；“社会身份”包括社会认同：与身份一致的自我描述，这种描述来自于社会范畴中的成员资格，是由他人，主要是外群体确定并界定的，是一种被动的认同(迈克尔·A. 豪格、多米尼克·阿布拉姆斯，2011)。正如福柯所指出的，个体不是给定的实体，而是权力运作的俘虏。个体，包括他的身份和特点，都是权力关系对身体施加作用的结果。只有在社会中占据主导地位的精英阶层，才有权力定义他者，而处于社会底层的边缘群体、少数族群由于缺乏话语权不得不处于“被定义”的位置。

对于留守儿童而言，由于知觉到了身份污名带来的偏见与歧视，孩子们排斥社会给他们贴上的“留守儿童”身份标签，但在社会中处于弱势地位的他们，没有话语权与影响力去改变公众的态度和行为。因此，他们只能用在语言上回避“留守儿童”这一称谓，拒绝走进“留守儿童之家”及参与关爱救助活动这样的方式，来维护自己的尊严和人格，以表达一种弱者的“反抗”，但这并不能从根本上解决他们的认同危机问题。从上文中我们可以清楚地看到，结构性因素对于个体自我认同的重要影响，但是，自我认同的形成是一个复杂的动态过程，是在社会化的过程中逐渐形成的。媒介作为影响儿童社会化的一个重要因素，在其中发挥了什么样的作用呢？媒介对不同家庭环境不同社会背景儿童的自我认同是否会产生不同作用？从自我认同的角度来考察留守儿童的媒介使用行为，可能是我们思考这一问题的新路径。

第三章　农村留守儿童的媒介使用图景

瓮安县 A 中学是笔者调查的一所农村初中之一。这是一所寄宿制学校，全校有学生 700 多人，是当地办学规模最大的中学。学校在距离县城约 20 公里的一个镇上，校园与喧闹的公路之间隔着一片菜地。学校里没有小商店，学生们要买文具或零食只能步行七八分钟到镇上的商店去买。上课时间，学校大门紧锁，上午没有体育课，偌大的操场上看不见一个人影。中午 12 点，下课铃声响起，孩子们穿着整齐的校服从三层教学楼中鱼贯而出，一边叽叽喳喳地聊天，谈论着 TFBOYS 的新歌或某一部热播的网络偶像剧，一边拿着饭盒走进旁边的食堂。迅速吃完午饭后，孩子们回到宿舍，迫不及待地拿出自己的手机，有的刷一刷 QQ 动态，有的在听歌，有的抓紧时间打一局游戏。通过手机和互联网，这些生活在大山深处的孩子们，与外部世界实现了某种连接，让他们的生活看起来与城市孩子并没有任何不同。

长期以来，学术界开展了大量关于儿童媒介接触与使用的研究。20 世纪 20 年代，美国佩恩基金资助的对电影与儿童的研究论述了电影对儿童生理健康、情感、态度和行为的影响，奠定了媒介与儿童研究的基础。20 世纪 60 年代，施拉姆、莱尔和帕克等研究者对北美地区儿童使用电视的情况进行了一次大规模的调查，其成果发表在《儿童生活中的电视》(*Television in the Lives of Our Children*)一书中。该研究发现，儿童并不是电视的被动接收者，而是“活跃的行动者”，他们使用电视来满足自身的需要。研究者们指出儿童看电视的主要原因有三：娱乐、信息和社会效用。他们把电视的效果分为生理效果、情感效果、认知效果和行为效果进行解释。此后的多项研究探讨了电视暴力及电视暴力对儿童态度、行为的影响，格伯纳等人在此基础上提出了著名的涵化理论。涵化理论认为，收看电视事件越长的人，越倾向相信电视呈现的信息、事件与价值和真实世界相似

(Gerbner, G, Gross, 2002)。随着电视在家庭中的普及，媒介对儿童社会化的影响日益突出。大部分关于儿童社会化的研究中已经证实电子媒介是除家庭、学校、同辈群体之外，影响儿童社会化的重要因素之一。班杜拉(Bandura. A, 1986)提出了社会学习理论，他认为青少年通过观看电视而学习一些社会行为，他研究了青少年暴力事件的原因，发现电视确实能使观看节目的儿童产生更多的侵犯行为。在《理解媒介》一书中，麦克卢汉提到，儿童通过电视习得了一整套崭新的感知，从家庭到教会到学校、市场等领域，都受到了电视的深刻影响。电视不仅是人们的重要消息来源，也同时形塑及引领社会风潮与走向，电视甚至取代父母、教堂及学校，成为影响儿童观察与学习的重要社会机制。尼尔·波兹曼在《童年的消逝》中阐述了“童年”的产生、发展以及日益走向消逝的过程。波兹曼认为，这一过程是伴随着人类传播方式的变迁而完成的。信息与媒介消解了儿童与成人之间的差别，文字、印刷、电视等在“童年”的变迁过程中发挥着重要的作用。

卜卫是国内最早关注媒介与儿童社会化问题的学者之一。在多项调查研究的基础上，卜卫(1997)发现，媒介是影响儿童、青少年社会化的重要因素，媒介对儿童的影响不是即时影响，而是长期影响，媒介的影响与儿童的生活经验、态度有关。儿童看电视的频率与儿童社会化无关，但是儿童接触的电视内容影响其社会化程度，尤其是传媒中的角色定型会影响儿童的性别观念或行为。Elias 与 Lemish(2008)研究了移居以色列的苏联移民儿童的媒介使用行为，考察了不同媒体在移民儿童的迁移进程以及新身份构建的过程中起到的作用，发现媒介在移民儿童的生活中，不仅影响着他们社会、文化观念的形成，更在解决家庭矛盾、填补代沟等方面发挥着作用。

进入 21 世纪以后，随着信息技术的不断发展，传播手段、传播形式日新月异，媒介尤其是电子媒介在青少年社会化的过程中扮演着越来越重要的角色。今天，数字电视提供多达数十个甚至上百个频道的节目，互联网上每天都有海量的各类信息，微信微博、抖音快手……层出不穷的手机 App 让我们无论身处何地，都能很方便地社交、娱乐、学习、运动。媒介无处不在，且与我们的日常生活交织在一起。可以说，青少年“浸泡”在媒介中，媒介是青少年生活的社会环境的一部分，互联网的接触和使用成为青少年日常生活的重要内容。可以说，在当前的媒介化社会，媒介对青少年社会化的影响超过了以往的任何时期。

从发展心理学的视角来看，社会化过程赋予社会人的个体身份和群体身份的存在价值和情感意义。移动互联网的便捷性所带来的极度扁平化传播方式，为用户形成了以“自我”为中心的移动传播互动关系和个性传播文化提供了社会基础。受众个体在移动互联的新式传播互动关系中逐渐完成或者完善了自我社会化过程，并进而形成以新的传播价值和社会情感价值为核心的社会身份和社会关系身份（喻国明、何其聪、吴文汐，2017）。因此，我们有必要对网络使用在留守儿童自我认同形成过程中的影响进行考察。在讨论这一问题之前，我们需要了解和把握当前媒介环境中，农村留守儿童群体的媒介接触与使用状况，这是进行下一步具体分析的基础。过去虽然已有不少学者对留守儿童的媒介使用开展了不同视角的研究，但这些研究大多聚焦于留守儿童的电视收看行为。伴随着媒介环境的瞬息万变，当互联网在农村地区日益普及，并以移动化、社交化的方式渗透在留守儿童的日常生活中，留守儿童的媒介使用会呈现出什么新的状况与特征呢？

一、留守儿童的媒介接触与使用状况

1. 留守儿童媒介接触率

本研究对留守儿童接触广播、报纸杂志、电视及互联网的情况进行了调查。问卷中，关于媒介的接触频率（每周使用媒介的次数）的测量使用的是四级量表，即基本不使用（每周少于1次）、很少使用（每周1~2次）、有时使用（每周3~4次）、每天使用，分别赋值1—4。

调查数据表明（见表3-1、表3-2），在受访的336名农村留守儿童中，接触频度最低的媒介是广播（均值=1.42，标准差=0.668），接触频度最高的媒介是电视（均值=2.52，标准差=0.753），报纸杂志接触的频度也偏低（均值=1.59，标准差=0.728）。受访儿童所在的学校都建有校园广播，但一般只用来播出学校的通知和课间广播体操的音乐，并未转播中央台和地方台的新闻节目，使用收音机的留守儿童的更是凤毛麟角，而学校和留守儿童的家中几乎都没有订阅报纸杂志。因此，每周几乎不接触广播和报纸杂志的留守儿童分别占67.9%和54.8%。

每周收听广播3次以上的留守儿童不到一成，每周阅读报纸3次以上的留守儿童仅占12.5%。电视仍然是农村留守儿童接触频度最高的媒体，每周收看3~4次电视的留守儿童约占一半，每天收看电视的也有6.3%。

表3-1　　**留守儿童媒介接触频率描述统计(N=336)**

	N	极小值	极大值	均值	标准差
广播接触频率	336	1	4	1.42	0.668
报纸杂志阅读频率	336	1	4	1.59	0.728
电视收看频率	336	1	4	2.52	0.753
电脑上网频率	336	1	4	1.17	0.505
手机上网频率	332	1	5	1.83	0.903
有效的N(列表状态)	332				

表3-2　　**留守儿童媒介接触频率频次(N=336)**

频率 / 媒介	基本不使用(每周少于1次)	很少使用(每周1~2次)	有时使用(每周3~4次)	每天使用
广播	人数228(67.9%)	人数78(23.2%)	人数28(8.3%)	人数2(0.6%)
报纸杂志	人数184(54.8%)	人数110(32.7%)	人数39(11.6%)	人数3(0.9%)
电视	人数32(9.5%)	人数119(35.4%)	人数164(48.8%)	人数21(6.3%)
电脑上网	人数296(88.1%)	人数25(7.4%)	人数13(3.9%)	人数2(0.6%)
手机上网	人数154(45.8%)	人数91(27.1%)	人数76(22.6%)	人数15(4.5%)

留守儿童的网络使用情况是本研究要考察的重点，笔者的调查区分了电脑上网和手机上网两种接入方式。调查结果表明，使用智能手机上网是大部分留守儿童的首选，五成以上的受访留守儿童每周使用手机上网1次以上，每天使用手机上网的也有4.5%。留守儿童中使用电脑上网的不多，每周使用电脑上网1次以上的留守儿童仅有11.9%。由于电脑设备的价格相对比较高，且宽带接入每月都需开支一笔固定的费用，这对农村家庭来说是一笔较大的支出。因此，在电脑和宽带在农村家庭中普及率偏低的情况下，大部分留守儿童选择使用手机上网。从

接触频度来看，网络在留守儿童中的受欢迎程度仅次于电视。

2. 留守儿童的媒介使用时长

问卷对留守儿童电视、网络的使用时长(每周的使用时间)进行了测量。

调查结果显示(见表3-3)，尽管互联网发展十分迅速，但与网络的接触和使用相比，留守儿童电视收看的时间仍然比较突出。由于留守儿童所在的乡村学校均为寄宿制，对于周一到周五都生活在学校的他们来说，只有周末在家才能收看电视，但仍有40.5%的留守儿童每周收看电视1~2小时，23.5%的留守儿童每周收看电视2~3小时，每周收看电视超过3小时的也达到了16.7%，每周收看电视少于1小时的仅有19.3%。

表3-3　　**留守儿童的媒介使用时长(N=336)**

时长 媒介	少于1小时	每周1~2小时	每周2~3小时	3小时以上
广播	人数228(67.9%)	人数78(23.2%)	人数28(8.3%)	人数2(0.6%)
报纸杂志	人数184(54.8%)	人数110(32.7%)	人数39(11.6%)	人数3(0.9%)
电视	人数65(19.3%)	人数136(40.5%)	人数79(23.5%)	人数56(16.7%)
电脑上网	人数309(92.0%)	人数12(3.6%)	人数8(2.4%)	人数7(2.1%)
手机上网	人数195(58.0%)	人数75(22.3%)	人数34(10.1%)	人数32(9.5%)

留守儿童较少使用电脑上网，更偏爱使用手机上网，不仅体现在使用频率上，也体现在使用时长上。每周使用电脑上网1小时以上的留守儿童仅有8.1%，而每周使用手机上网在1小时以上的留守儿童超过四成，达到了41.9%，其中22.3%的留守儿童每周使用手机上网1~2小时，10.1%的留守儿童每周使用手机上网2~3小时，9.5%的留守儿童每周使用手机上网3小时以上。这一特征在一定程度上与他们的家庭经济条件和生活环境的限制有关。

3. 留守儿童上网设备拥有状况及上网地点

个人用户要接入互联网，必须拥有相应的电子设备。就农村留守儿童来说，他们用于上网的设备主要是电脑和手机。由于电脑价格相对比较贵，拥有电脑的留守儿童并不多，仅为17.9%，手机在留守儿童当中相对较为普及，有超过半数的留守儿童拥有手机(见表3-4)。

表3-4　**留守儿童拥有上网设备的状况(N=336)**

设备	有	没有
电脑	人数60(17.9 %)	人数276(82.1%)
手机	人数170(50.3%)	人数166(49.7%)

关于上网的场所和地点，78.6%的留守儿童是在家里上网，5.1%的在学校，3.3%在同学家，0.9%的在网吧，10.1%的选择了其他地点(见表3-5)。家庭是留守儿童上网的主要场所，一方面是因为学校禁止学生携带手机到校，而学校的电脑教室并不是随时开放，不能满足留守儿童的上网需求，因此大部分的留守儿童只能选择周末时间在家中上网。另一方面，也反映出监护人对留守儿童上网行为的干涉比较少。在家庭和学校都不能满足其上网需求的情况下，还有一部分留守儿童选择去同学家或网吧等场所上网。

表3-5　**留守儿童的上网地点(N=336)**

		人数	百分比	有效百分比	累积百分比
有效	家里	264	78.6	80.2	80.2
	学校	17	5.1	5.2	85.4
	同学家	11	3.3	3.3	88.8
	网吧	3	0.9	0.9	89.7
	其他	34	10.1	10.3	100.0
	合计	329	97.9	100.0	
缺失	系统	7	2.1		
合计		336	100.0		

4. 留守儿童的社交媒体使用状况

作为新兴的媒介形态，社交媒体在留守儿童的网络使用中占据了相当重要的位置。我们在调查中对留守儿童的社交媒体使用情况进行了了解。

问卷根据预调查的情况选取了留守儿童最喜爱使用的 QQ、微信、微博三种社交媒体进行调查。调查数据显示，社交媒体在留守儿童群体中有较高的普及率(见表 3-6)。在 QQ、微信、微博三种社交软件中，有 63.4%的留守儿童选择使用 QQ，37.5%的留守儿童使用微信，21.4%的留守儿童使用微博。

表 3-6　　留守儿童的社交媒体使用偏好($N=336$)

社交软件	使用	不使用
QQ	人数 213(63.4%)	人数 123(36.6%)
微信	人数 126 (37.5 %)	人数 210(62.5%)
微博	人数 72(21.4%)	人数 264(78.6%)

从社交媒体的使用频度来看，有超过六成的留守儿童每周至少使用 1 次社交媒体，其中，每周使用 1~2 次的有 32.4%，每周使用 3~4 次的有 28.3%，仍有 34.2%的留守儿童基本不使用社交媒体。从使用社交媒体的年限来看，有 39.6%的留守儿童使用社交媒体的时间在半年以内，24.7%的留守儿童使用社交媒体的时间是半年至一年，有 16.4%的留守儿童使用社交媒体的时间在一年至两年之间，还有 19%的留守儿童使用社交媒体的时间达到了两年以上。这表明，社交媒体对留守儿童群体具有相当的吸引力(见表 3-7、表 3-8)。

表 3-7　　留守儿童的社交媒体使用频率($N=336$)

社交媒体使用频率		人数	百分比	有效百分比	累积百分比
有效	基本不使用(每周 1 次以下)	115	34.2	34.2	34.2
	很少使用(每周 1~2 次)	109	32.4	32.4	66.7
	有时使用(每周 3~4 次)	95	28.3	28.3	94.9
	每天使用	17	5.1	5.1	100.0
	合计	336	100.0	100.0	

表 3-8　　留守儿童的社交媒体使用年限(*N*=336)

社交媒体使用年限		人数	百分比	有效百分比	累积百分比
有效	半年以内	133	39.6	39.7	39.7
	半年至一年	83	24.7	24.8	64.5
	一年至两年	55	16.4	16.4	80.9
	两年以上	64	19.0	19.1	100.0
	合计	335	99.7	100.0	
缺失	系统	1	0.3		
合计		336	100.0		

有 20.5%的留守儿童拥有的社交媒体好友规模在 5 个以内，10.1%的留守儿童拥有 6~10 个社交媒体好友，有 15.8%的留守儿童拥有 11~20 个社交媒体好友，14.9%的留守儿童拥有 21~50 个社交媒体好友，有 50 个以上社交媒体好友的留守儿童达到了 35.1%。留守儿童的社交媒体好友规模呈现出较大的差异(见表 3-9)。

表 3-9　　留守儿童的社交媒体好友规模(*N*=336)

社交软件好友数量		频率	百分比	有效百分比	累积百分比
有效	5	69	20.5	21.3	21.3
	5~10	34	10.1	10.5	31.8
	11~20	53	15.8	16.4	48.1
	21~50	50	14.9	15.4	63.6
	50 以上	118	35.1	36.4	100.0
	合计	324	96.4	100.0	
缺失	系统	12	3.6		
合计		336	100.0		

二、亲子分离与留守儿童的媒介使用

正如前文所指出的，亲子分离是留守儿童研究中的核心变量，不同模式的亲子分离对留守儿童的生活产生了复杂的影响。那么，亲子分离是否会对留守儿童的网络接触和使用产生影响呢？为了深入探讨这一问题，我们选取了监护类型、留守时间、亲子沟通 3 个变量作为反映亲子分离状况的变量，考察亲子分离与留守儿童网络使用之间的影响机制。在这一部分，我们将通过对问卷调查结果的分析探讨三个问题：(1)不同监护类型的留守儿童网络使用是否具有显著差异？(2)留守时间对留守儿童网络使用是否有显著影响？(3)留守儿童的网络使用与亲子沟通频率是否存在显著关联？

1. 监护类型与留守儿童的网络使用

农民进城务工经商后，在不能把孩子带在身边抚养的情况下，把孩子托付给在家的一方或其他自己信赖的人照顾，这些被托付或委托照顾孩子日常生活的人，被称为留守儿童的监护人(叶敬忠、王伊欢、张克云，2006)。过去关于留守儿童的研究发现，当父母外出打工后，不同监护模式之间的差异对留守儿童的心理、行为等产生了一定的影响。那么，处于不同监护模式下的留守儿童网络使用行为是否存在显著差异呢？研究运用交叉表和单因素方差分析，对不同监护类型留守儿童的网络使用频率、时长进行了比较(见表 3-10、表 3-11)。

表 3-10　　**网络使用频率与监护类型的交叉表(N=336)**

		监护类型					合计
		单亲监护	隔代监护	上代监护	自我监护	同辈监护	
电脑上网频率	基本不使用	120	156	9	7	4	296
	很少使用	10	10	1	2	2	25
	有时使用	7	5	0	1	0	13
	每天使用	0	1	0	1	0	2
手机上网频率	基本不使用	56	87	5	5	1	154
	很少使用	44	35	3	4	5	91
	有时使用	29	44	1	2	0	76
	每天使用	6	3	1	0	0	10

表 3-11　　网络使用时长与监护类型的交叉表($N=336$)

		监护类型					合计
		单亲监护	隔代监护	上代监护	自我监护	同辈监护	
电脑上网时长	少于 1 小时	108	144	8	7	5	272
	1~2 小时	6	3	0	1	0	10
	2~3 小时	3	1	0	1	1	6
	3 小时以上	3	2	0	1	0	6
手机上网时长	少于 1 小时	65	96	4	7	3	175
	1~2 小时	33	26	1	2	3	65
	2~3 小时	12	12	2	1	0	27
	3 小时以上	10	16	1	0	0	27

根据表 3-12，不同监护类型的留守儿童在电脑上网时长上存在显著差异($p<0.05$)，处于自我监护、同辈监护这两种监护模式中的留守儿童，由于监护人的监护功能“弱化”，基本上处于缺少有效监护的状态，电脑上网的时间更长。

表 3-12　　不同监护类型留守儿童网络使用的方差分析($N=336$)

		平方和	df	均方	F	显著性
电脑上网时长	组间	3.318	4	0.830	3.016	0.018*
	组内	79.221	288	0.275		
	总数	82.539	292			
手机上网时长	组间	2.147	4	0.537	0.558	0.693
	组内	277.798	289	0.961		
	总数	279.946	293			
电脑上网频率	组间	1.567	4	0.392	1.719	0.146
	组内	65.848	289	0.228		
	总数	67.415	293			
手机上网频率	组间	2.313	4	0.578	0.722	0.578
	组内	228.256	285	0.801		
	总数	230.569	289			

2. 留守时间与留守儿童网络使用

留守时间即亲子分离的时间，也就是父母外出打工与孩子分开的时间。留守时间是研究留守儿童问题中的一个重要变量，一些研究发现，留守儿童心理和行为出现的很多问题是在与父母分离后一段时间后才发生的，父母外出时间越长，对留守儿童的负面影响越大。因此，有必要就留守时间对留守儿童媒介使用的影响进行考察。研究运用相关分析，探讨了留守时间与留守儿童媒介使用频次、时长之间的关系。

相关分析的结果显示(见表 3-13)，留守时间与留守儿童网络使用频次、时长之间均没有显著的相关关系。

表 3-13　**留守时间与留守儿童网络使用的相关分析(N=336)**

		父母外出时间	电脑上网频率	电脑上网时长	手机上网频率	手机上网时长	社交软件使用频率
父母外出时间	Pearson 相关	1	−0.030	−0.001	0.004	0.086	−0.018
	显著性(双尾)		0.589	0.992	0.940	0.117	0.748
	N	336	336	336	332	336	336
电脑上网频率	Pearson 相关	−0.030	1	0.722**	0.234**	0.164**	0.290**
	显著性(双尾)	0.589		0.000	0.000	0.003	0.000
	N	336	336	336	332	336	336
电脑上网时长	Pearson 相关	−0.001	0.722**	1	0.196**	0.249**	0.228**
	显著性(双尾)	0.992	0.000		0.000	0.000	0.000
	N	336	336	336	332	336	336
手机上网频率	Pearson 相关	0.004	0.234**	0.196**	1	0.699**	0.619**
	显著性(双尾)	0.940	0.000	0.000		0.000	0.000
	N	332	332	332	332	332	332
手机上网时长	Pearson 相关	0.086	0.164**	0.249**	0.699**	1	0.609**
	显著性(双尾)	0.117	0.003	0.000	0.000		0.000
	N	336	336	336	332	336	336
社交软件使用频率	Pearson 相关	−0.018	0.290**	0.228**	0.619**	0.609**	1
	显著性(双尾)	0.748	0.000	0.000	0.000	0.000	
	N	336	336	336	332	336	336

3. 亲子沟通与留守儿童网络使用

如前文所述，亲子沟通在某种程度上能够缓解亲子分离给留守儿童带来的不良情绪，而农民外出打工之后，由于交通成本等原因，回家的频率普遍不高。在这种情况下，电话、短信、网络等远程亲子沟通方式成为留守儿童家庭亲子沟通的重要途径，可以说，远程亲子沟通的状况直接影响着留守儿童家庭的亲子关系质量。研究分析了留守儿童媒介使用的频次、时长与亲子沟通频率之间的关系。

数据显示(见表 3-14)，亲子沟通与电脑上网频率($p<0.01$)、电脑上网时长($p<0.01$)、手机上网频率($p<0.05$)、社交软件使用频率($p<0.01$)均存在显著正相关关系。

表 3-14　**亲子沟通与留守儿童网络使用的相关分析(N=336)**

		亲子沟通频率	电脑上网频率	电脑上网时长	手机上网频率	手机上网时长	社交软件使用频率
亲子沟通频率	Pearson 相关	1	0.175**	0.146**	0.124*	0.017	0.279**
	显著性(双尾)		0.001	0.008	0.024	0.751	0.000
	N	336	336	336	332	336	336
电脑上网频率	Pearson 相关	0.175**	1	0.722**	0.234**	0.164**	0.290**
	显著性(双尾)	0.001		0.000	0.000	0.003	0.000
	N	336	336	336	332	336	336
电脑上网时长	Pearson 相关	0.146**	0.722**	1	0.196**	0.249**	0.228**
	显著性(双尾)	0.008	0.000		0.000	0.000	0.000
	N	336	336	336	332	336	336
手机上网频率	Pearson 相关	0.124*	0.234**	0.196**	1	0.699**	0.619**
	显著性(双尾)	0.024	0.000	0.000		0.000	0.000
	N	332	332	332	332	332	332
手机上网时长	Pearson 相关	0.017	0.164**	0.249**	0.699**	1	0.609**
	显著性(双尾)	0.751	0.003	0.000	0.000		0.000
	N	336	336	336	332	336	336
社交软件使用频率	Pearson 相关	0.279**	0.290**	0.228**	0.619**	0.609**	1
	显著性(双尾)	0.000	0.000	0.000	0.000	0.000	
	N	336	336	336	332	336	336

三、留守儿童的网络使用偏好与网络依赖程度

随着信息传播技术的发展，互联网把我们带入了“第二媒介时代”，农村也不可避免地卷入互联网的浪潮中。互联网让西部农村地区的媒介环境发生了巨大变化，以贵州省为例，据《当代贵州》公开报道显示，截至2018年7月，贵州已实现全省100%的行政村覆盖4G网络，98%的行政村通光纤。在这样的前提下，网络成为继电视之后，留守儿童在日常生活中最经常接触和使用的媒介。留守儿童使用网络究竟“做了什么”？他们是否如媒体报道中那般“网络成瘾”呢？这一部分将考察留守儿童的网络使用偏好和网络依赖程度。

1. 留守儿童的网络使用偏好

20世纪70年代，卡茨等人正式提出了使用与满足理论。使用与满足理论基于传播心理学的视角，提出了五个方面的假设：①人们选择和使用媒介的行为是有意图、有目的和有动机的；②人们主动选择和使用各种传播手段，以满足自己的需求和愿望；③人们的传播行为受到多种社会和心理因素的引导、制约和调节；④媒介和其他的传播交流形式如人际交往手段等展开竞争，以便为人们所选择、注意和使用；⑤人们自身的主动性影响着他们使用媒介的方式和结果（简宁斯·布莱恩特，2009）。根据“使用与满足”理论，人们选择接触或使用某种媒介以满足他们的期望或需求，而这些期望与需求与个体的特征、所处的社会情境有着密切关联。与此同时，受众对媒介内容的选择或偏好最终导致了他们需求的满足，是使用与满足理论的主要研究议题之一，对于研究受众的媒介接触与使用来说至关重要。与大众传播时代相比，受众的互联网使用行为体现出复杂性和多元化的特征。

根据郑素侠（2013）等人的研究，参考在访谈中了解的情况，我们编制了一份量表对留守儿童的网络行为进行测量。该量表共有12个项目，询问受访者上网时从事以下活动的频繁程度：①搜索信息；②看新闻；③玩游戏；④聊天；⑤看电视；⑥看小说；⑦抢红包；⑧发帖或转发感兴趣的内容；⑨下载资料；⑩听音乐；⑪在QQ空间/朋友圈发照片或心情状态；⑫给好友点赞。

问卷采用李克特五点量表，选项为 1 = 从不，2 = 偶尔，3 = 有时，4 = 经常，5 = 总是。研究使用 SPSS21.0 软件对量表进行了因子分析。该量表的 KMO① 值 = 0.842，表明量表具有较好的内部一致性，题项变量间的关系良好，适合进行因子分析。采取最大方差法正交旋转，公因子提取标准为大于 1，将因子负荷量的下限设置为 0.45，对 12 个问题的因子分析结果如表 3-15 所示。

表 3-15 **留守儿童网络使用偏好的描述统计($N=336$)**

网络使用行为	均值	标准差
搜索信息	2.44	1.03
看新闻	2.08	0.95
玩游戏	2.62	1.17
聊天	2.88	1.25
看电视	3.02	1.09
看小说	2.30	1.21
抢红包	1.96	1.12
发帖或转发	1.84	1.06
下载资料	2.49	1.20
听音乐	3.72	1.16
分享照片或心情	2.20	1.20
点赞或评论	2.91	1.39

如表 3-16 所示，因素分析后从这些项目中提取了三个因子，根据每个因子包含的题项的内涵，分别命名为社交型、信息型和娱乐型，代表了留守儿童网络使用偏好的三种类型。社交型包括聊天、抢红包、发帖或转发、分享照片或心

① KMO(Kaiser-Meyer-Olkin)是一个用于比较变量间简单相关系数和偏相关系数的指标。KMO 指标值介于 0 与 1 之间。根据 Kaiser(1974)的观点，KMO 值至少要在 0.6 以上，变量才可以进行因子分析。

情、点赞，信息型包括搜索信息、看新闻、下载资料，娱乐型包括玩游戏、看电视、听音乐、看小说。

表 3-16　　　　**留守儿童网络使用偏好的因素分析($N=336$)**

网络使用行为	社交型	信息型	娱乐型
发帖或转发	0.752		
聊天	0.645		
抢红包	0.506		
点赞或评论	0.663		
分享照片或心情	0.818		
搜索信息		0.656	
看新闻		0.702	
下载资料		0.622	
玩游戏			0.478
看电视			0.745
听音乐			0.471
看小说			0.598

2. 留守儿童的网络依赖程度

受众对媒介的依赖是研究受众媒介接触与使用的重要变量。20 世纪 90 年代起，心理学家开始关注网络过度使用问题。个体非常依赖网络，就像喝酒或赌博上瘾一样，为了获得满足感不断地增加上网时间与投入程度，这种现象被称为网络依赖或网络成瘾(internet addiction disorder)。Egger 和 Rauterberg 的研究发现，10%的网络使用者认为自己存在网络依赖。① 以往研究往往以大、中学生作为研

① 转引自桑标，贡晔. 网络依赖与心理健康的关系——一项以大学生为对象的调查研究[J]. 当代青年研究，2001(5)：31-35。

究对象，关注“网络依赖”这一现象对大、中学生们学习、生活、健康等带来的影响。易海燕等(2006)对154名中学生进行网络成瘾的筛查测试结果表明，15.6%的被试存在网络成瘾倾向，将网络视为娱乐工具(游戏、聊天)的个体更有可能对网络产生过度依赖。Brenner(1997)的研究显示，网络依赖行为和年龄、受教育程度显著相关，与性别和种族关系不大，青少年学生是网络成瘾的高发群体。Weitzman(1999)在探讨了高中生网络成瘾和孤独、社会支持之间的关系后认为，高中生的孤独感和缺乏社会支持导致网络成瘾。

由此，我们可以推断，留守儿童群体中存在网络依赖的现象。为了进一步了解留守儿童中网络依赖的情况，本研究参考已有文献，根据留守儿童的现实情况，共设置了5个项目对留守儿童的网络依赖程度进行测量。量表询问受访者与以下行为的符合程度：①上网是我生活中不可缺少的一部分；②虽然还有别的事情要做，还是忍不住再上一会儿网；③上网的时间总是超出我的计划；④曾经熬夜上网娱乐或聊天；⑤父母或老师曾经抱怨我花在网上的时间太多。

经评定，该量表的KMO值=0.815，表明量表具有较好的内部一致性。问卷采用李克特五点量表，选项为非常符合、比较符合、有些符合、比较不符合、非常不符合，分别赋值1-5分。5项得分加总，得出“网络依赖”数值，分数越高，表明网络依赖的程度越重。

留守儿童网络依赖程度的得分均值为11.12，标准差为4.764，表明留守儿童整体的网络依赖程度并不高(见表3-17)。其中，近半数的留守儿童评分在5~10分，46.4%的留守儿童评分在11~20分。值得注意的是，有15名留守儿童评分达到了21分以上，具有网络成瘾倾向(见表3-18)。

表3-17　**留守儿童网络依赖程度描述统计量(N=336)**

	N	极小值	极大值	均值	标准差
网络依赖加总	336	5	25	11.12	4.764
有效的N(列表状态)	336				

表 3-18　　留守儿童网络依赖程度频次表（$N=336$）

评分	频率	百分比	有效百分比	累积百分比
5~10 分	165	49.1	49.1	49.1
11~20 分	156	46.4	46.4	95.5
21~25 分	15	4.5	4.5	100.0
合计	336	100.0	100.0	

根据以往研究结论，为了考察网络依赖程度的影响因素，研究对不同年级、不同监护类型的留守儿童网络依赖程度进行了方差分析。

方差分析结果表明（见表 3-19、表 3-20、表 3-21）：不同年级的留守儿童在网络依赖程度方面具有显著差异（$p \leqslant 0.000$），高年级的留守儿童更依赖网络。不同监护类型的留守儿童与网络依赖程度的方差检验 F 值未达到显著水平，不同监护类型的留守儿童在网络依赖程度上没有显著差异。

表 3-19　　不同年级留守儿童网络依赖程度的描述统计量（$N=336$）

年级	N	均值	标准差	标准误	均值的 95% 置信区间		极小值	极大值
					下限	上限		
七年级	102	9.7255	3.99296	0.39536	8.9412	10.5098	5.00	21.00
八年级	110	10.7727	4.63861	0.44227	9.8962	11.6493	5.00	25.00
九年级	124	12.5403	5.08848	0.45696	11.6358	13.4448	5.00	25.00
总数	336	11.1071	4.76371	0.25988	10.5959	11.6183	5.00	25.00

表 3-20　　不同监护类型的留守儿童网络依赖程度描述统计量（$N=336$）

	N	均值	标准差	标准误	均值的 95% 置信区间		极小值	极大值
					下限	上限		
单亲监护	137	11.0438	4.63501	0.39600	10.2607	11.8269	5.00	25.00
隔代监护	172	11.0233	4.92155	0.37526	10.2825	11.7640	5.00	24.00
上代监护	10	12.3000	5.37587	1.70000	8.4543	16.1457	7.00	25.00
自我监护	11	12.8182	4.06984	1.22710	10.0840	15.5523	6.00	18.00
同辈监护	6	9.8333	3.31160	1.35195	6.3580	13.3086	5.00	14.00
总数	336	11.1071	4.76371	0.25988	10.5959	11.6183	5.00	25.00

表 3-21　　不同年级、监护类型网络依赖程度的方差分析($N=336$)

		平方和	df	均方	F
年级	组间	461.713	2	230.856	10.766***
	组内	7140.430	333	21.443	
	总数	7602.143	335		
监护类型	组间	57.929	4	14.482	0.635
	组内	7544.214	331	22.792	
	总数	7602.143	335		

注：* 表示 $p<0.05$，** 表示 $p<0.01$，*** 表示 $p<0.001$。

四、留守儿童媒介使用的影响因素分析

已有研究发现，青少年的人口统计学变量、家庭环境因素等对他们的媒介使用行为产生影响。因此，本研究分别以网络使用强度(频率、时长)、网络使用偏好、网络依赖程度作为因变量，以留守儿童的人口统计学变量(年龄、性别、年级)作为第一阶层的自变量，以家庭环境(家庭经济状况、父母外出时间、亲子沟通频率)作为第二阶层的自变量，进行多元回归分析，通过考察他们的标准化回归系数，探寻留守儿童媒介使用的影响因素。分析结果如表 3-22 所示。

表 3-22　　预测留守儿童媒介使用强度的多元回归分析($N=336$)

预测变量	广播接触频率	报纸杂志接触频率	电视收看频率	看电视时长	电脑上网频率
年龄	0.174	0.028	−0.033	−0.047	−0.063
性别	−0.038	−0.104	−0.046	−0.002	0.021
年级	−0.218***	−0.036	−0.019	−0.004	0.136
R^2	0.010	0.011	0.018	0.002	0.010
ΔR^2	0.010	0.011	0.018	0.002	0.010
家庭经济情况	−0.052	0.009	−0.106	0.003	−0.031
父母外出时间	−0.003	−0.036	−0.033	0.034	−0.008

续表

预测变量	广播接触频率	报纸杂志接触频率	电视收看频率	看电视时长	电脑上网频率
亲子沟通频率	-0.016	-0.024	0.172***	0.128*	0.183**
R^2	0.011	0.012	0.050	0.018	0.044
ΔR^2	0.001	0.001	0.032	0.016	0.034

预测变量	电脑上网时长	手机上网频率	手机上网时长	社交媒体使用频率	社交媒体使用年限
年龄	-0.087	0.052	-0.010	-0.082	0.034
性别	0.069	0.072	0.062	0.108*	0.210***
年级	0.139	0.041	0.159*	0.198*	0.176*
R^2	0.011	0.015	0.027	0.038	0.085
ΔR^2	0.011	0.015	0.027	0.038	0.085
家庭经济情况	-0.029	-0.059	-0.038	-0.080	-0.048
父母外出时间	0.022	0.026	0.092*	0.025	0.036
亲子沟通频率	0.155**	0.135*	0.044	0.295***	0.155**
R^2	0.035	0.033	0.036	0.123	0.108
ΔR^2	0.024	0.018	0.009	0.085	0.023

注：* 表示 $p<0.05$，** 表示 $p<0.01$，*** 表示 $p<0.001$。

分析结果显示，在传统媒体接触方面，年级($\beta=-0.218$，$p<0.01$)对留守儿童的广播收听频率有显著的负向影响，年级越高，收听广播的频率越低。两组变量对留守儿童的报刊阅读频率均没有显著影响。

在电视接触方面，亲子沟通频率对电视收看频率($\beta=0.172$，$p<0.01$)、电视收看时长($\beta=0.128$，$p<0.05$)均有显著正向影响，亲子沟通频率更高的留守儿童越频繁地收看电视、收看电视的时间越长。

在网络接触方面，亲子沟通的频率对电脑上网频率($\beta=0.183$，$p<0.01$)、电脑上网时长($\beta=0.155$，$p<0.01$)及手机上网频率($\beta=0.135$，$p<0.05$)均有显著的正向影响。年级($\beta=0.159$，$p<0.05$)对手机上网时长有显著影响，年级越高的留守儿童，手机上网时间更长；留守时间($\beta=0.092$，$p<0.05$)对手机上网时长有

显著影响，留守时间更长的留守儿童，手机上网的时间更长。性别($\beta=0.108$, $p<0.05$)、年级($\beta=0.198$, $p<0.05$)、亲子沟通频率($\beta=0.295$, $p<0.001$)对社交媒体使用频率有显著影响，留守男童比留守女童更频繁地使用社交媒体；年级越高的留守儿童，使用社交媒体的频度越高；亲子沟通更频繁的留守儿童，使用社交媒体的频度越高。性别($\beta=0.210$, $p<0.001$)、年级($\beta=0.176$, $p<0.05$)、亲子沟通频率($\beta=0.155$, $p<0.01$)对社交媒体使用年限有显著影响，留守男童比留守女童使用社交媒体的年限更长；年级更高、亲子沟通更频繁的留守儿童，使用社交媒体的年限更长。家庭经济状况对留守儿童媒介接触和使用的相关变量均无显著影响。

五、留守儿童与非留守儿童媒介使用的差异

过去的一些研究认为，由于缺少父母的监管，跟非留守儿童相比，留守儿童接触和使用媒介的时间更长，更容易网络成瘾，但这些研究多为主观推断，缺少相关的数据支撑。留守儿童群体与非留守儿童群体在媒介使用上是否存在显著差异，以及存在哪些方面的差异，仍然需要通过实证数据进行分析。在这一部分，笔者将对留守儿童与非留守儿童媒介接触和使用行为的差异进行比较。

1. 媒介接触频率和使用时长的差异

首先，我们运用独立样本 T 检验，对留守儿童和非留守儿童的媒介接触频率和使用时长进行了比较(见表 3-23)。

表 3-23　**留守儿童与非留守儿童媒介接触频率、使用时长的 T 检验**

		方差方程的 Levene 检验		均值方程的 T 检验			均值方程的 T 检验			
									差分的95%置信区间	
		F	Sig.	*t*	df	Sig.(双侧)	均值差值	标准误差值	下限	上限
广播接触频率	假设方差相等	29.926	0.000	-4.250	547	0.000	-0.273	0.064	-0.400	-0.147
	假设方差不相等			-4.053	381.862	0.000	-0.273	0.067	-0.406	-0.141

续表

		方差方程的 Levene 检验		均值方程的 T 检验			均值方程的 T 检验			
		F	Sig.	*t*	df	Sig.（双侧）	均值差值	标准误差值	差分的95%置信区间	
									下限	上限
报纸杂志阅读频率	假设方差相等	0. 046	0. 831	-3. 931	545	0. 000	-0. 261	0. 066	-0. 392	-0. 131
	假设方差不相等			-3. 851	420. 766	0. 000	-0. 261	0. 068	-0. 395	-0. 128
电视收看时长	假设方差相等	0. 013	0. 909	2. 247	547	0. 025	0. 197	0. 088	0. 025	0. 368
	假设方差不相等			2. 221	433. 830	0. 027	0. 197	0. 089	0. 023	0. 371
电脑上网频率	假设方差相等	0. 000	0. 990	-0. 095	547	0. 924	-0. 004	0. 043	-0. 088	0. 080
	假设方差不相等			-0. 097	482. 557	0. 923	-0. 004	0. 042	-0. 086	0. 078
电脑上网时长	假设方差相等	1. 014	0. 314	0. 434	546	0. 664	0. 020	0. 045	-0. 069	0. 108
	假设方差不相等			0. 453	509. 041	0. 651	0. 020	0. 043	-0. 065	0. 104
手机上网频率	假设方差相等	0. 955	0. 329	1. 399	533	0. 162	0. 110	0. 079	-0. 045	0. 265
	假设方差不相等			1. 419	446. 374	0. 157	0. 110	0. 078	-0. 042	0. 263
手机使用时长	假设方差相等	8. 072	0. 005	2. 459	547	0. 014	0. 204	0. 083	0. 041	0. 367
	假设方差不相等			2. 526	490. 491	0. 012	0. 204	0. 081	0. 045	0. 363
社交软件使用频率	假设方差相等	0. 004	0. 947	1. 892	547	0. 059	0. 150	0. 079	-0. 006	0. 305
	假设方差不相等			1. 901	458. 054	0. 058	0. 150	0. 079	-0. 005	0. 304

数据显示，留守儿童与非留守儿童群体在广播接触频率($p \leqslant 0.000$)、报纸杂志阅读频率($p \leqslant 0.000$)、电视收看时长($p<0.05$)、手机使用时长($p<0.05$)上具有显著差异。留守儿童广播接触频率和报纸杂志阅读频率均低于非留守儿童，看电视时长、手机使用时长均高于非留守儿童。这可能是由于大部分留守儿童都是跟祖辈监护人生活在一起，由于农村老年人的文化程度普遍偏低，对信息资讯也没有太多需求，因此留守儿童在生活中很少有机会接触到广播、报纸杂志等媒体。同时，祖辈对留守儿童看电视、使用手机的控制较弱，因此留守儿童的看电视时长、手机使用时长均比生活在父母身边的非留守儿童要高。

2. 网络使用偏好的差异

分析结果表明(见表 3-24)，留守儿童与非留守儿童在信息型使用、社交型使用两类网络使用偏好上无显著差异，在娱乐型使用上有显著差异($p<0.05$)，留守儿童比非留守儿童更偏好娱乐型的网络使用。

表 3-24　　**留守儿童与非留守儿童网络使用内容偏好的 T 检验**

		方差方程的 Levene 检验		均值方程的 T 检验			均值方程的 T 检验			
		F	Sig.	*t*	df	Sig.(双侧)	均值差值	标准误差值	差分的 95% 置信区间 下限	差分的 95% 置信区间 上限
信息型使用	假设方差相等	0. 454	0. 501	0. 719	541	0. 472	0. 06366470	0. 08851935	-0. 11021904	0. 23754844
	假设方差不相等			0. 720	442. 380	0. 472	0. 06366470	0. 08847890	-0. 11022650	0. 23755590
社交型使用	假设方差相等	0. 417	0. 519	-1. 225	541	0. 221	-0. 10728105	0. 08761106	-0. 27938059	0. 06481850
	假设方差不相等			-1. 246	466. 348	0. 213	-0. 10728105	0. 08611439	-0. 27650132	0. 06193923
娱乐型使用	假设方差相等	0. 085	0. 770	1. 962	541	0. 050	0. 17281269	0. 08808357	-0. 00021503	0. 34584042
	假设方差不相等			1. 980	455. 064	0. 048	0. 17281269	0. 08727013	0. 00131024	0. 34431515

3. 网络依赖程度的差异

以往关于留守儿童网络使用行为的研究认为，留守儿童喜欢上网的比例高于非留守儿童，留守儿童对网络的迷恋程度比非留守儿童要高，逃课上网的比例也高于非留守儿童(王秋香，2008)。由于缺乏父母的有效监管，留守儿童而更容易沉溺于玩网络游戏之中，发展成为病理性网络游戏使用(范兴华、方晓义，

2010)。从前文的分析中，我们发现，留守儿童比非留守儿童更偏好娱乐型的网络使用，这是否意味着留守儿童更容易网络成瘾呢？我们对留守儿童和非留守儿童的网络依赖程度进行了独立样本 T 检验，结果表明(见表 3-25)，留守儿童与非留守儿童在网络依赖程度上没有显著差异。

表 3-25　　**留守儿童与非留守儿童网络依赖程度的 T 检验**

<table>
<tr><td colspan="2" rowspan="3"></td><td colspan="2">方差方程的 Levene 检验</td><td colspan="3">均值方程的 T 检验</td><td colspan="4">均值方程的 T 检验</td></tr>
<tr><td rowspan="2">F</td><td rowspan="2">Sig.</td><td rowspan="2">t</td><td rowspan="2">df</td><td rowspan="2">Sig.(双侧)</td><td rowspan="2">均值差值</td><td rowspan="2">标准误差值</td><td colspan="2">差分的 95%置信区间</td></tr>
<tr><td>下限</td><td>上限</td></tr>
<tr><td rowspan="2">网络依赖程度</td><td>假设方差相等</td><td>1. 076</td><td>0. 300</td><td>1. 134</td><td>546</td><td>0. 257</td><td>0. 46563</td><td>0. 41049</td><td>-0. 34070</td><td>1. 27197</td></tr>
<tr><td>假设方差不相等</td><td></td><td></td><td>1. 147</td><td>464. 430</td><td>0. 252</td><td>0. 46563</td><td>0. 40612</td><td>-0. 33243</td><td>1. 26370</td></tr>
</table>

本章小结

研究结果表明，留守儿童与非留守儿童之间，留守儿童群体内部在媒介接触与使用方面均呈现了一定的差异，表现在以下四个方面：

第一，留守儿童各媒介接触率高低依次是电视、网络、报纸杂志、广播。留守儿童较少使用电脑上网，使用智能手机上网是大部分留守儿童的首选，超过半数的留守儿童拥有自己的手机，社交媒体的使用在留守儿童当中比较普遍。

第二，亲子沟通频率对电脑上网频率、电脑上网时长及手机上网频率均有显著的正向影响，年级、留守时间对手机上网时长有显著正向影响，年级越高的留守儿童，留守时间越长的留守儿童，手机上网的时间更长。性别、年级、亲子沟通频率对社交媒体使用频率、社交媒体使用年限均有显著影响。

第三，不同监护类型的留守儿童在电脑上网时长、社交软件使用频率上存在显著差异，处于自我监护、同辈监护这两种监护模式中的留守儿童，电脑上网的时间更长，社交媒体使用频率也更高。

第四，从媒介接触频率和时长来看，留守儿童广播接触频率和报纸杂志阅读频率均低于非留守儿童，看电视时长、手机使用时长均高于非留守儿童。从网络使用偏好上看，在信息型使用、社交型使用、娱乐型使用三类网络使用偏好当中，留守儿童比非留守儿童更偏好娱乐型的网络使用。留守儿童与非留守儿童在网络依赖程度上没有显著差异。

第四章　农村留守儿童自我认同的测量、现状与影响因素

心理学家埃里克森提出，青少年面临的主要发展任务是建立自我认同，明确自己的身份、现状以及未来发展的方向，逐渐化解认同危机。个体与其所处的社会文化环境是无法相分离的，在现代社会中，伴随着大众媒介尤其是电子媒介的发展进步，媒介作为社会文化环境的重要组成部分，对个体自我认同形成产生的影响越来越显著。青少年期是个体身体、认知、情感、自我意识发展变化较快的时期，在当前的信息化社会，互联网重构了青少年的生活世界，为青少年的认同建构提供了新的环境和空间，对他们的自我认同发展产生了深入而广泛的影响。

中国互联网络信息中心发布的调查报告显示，截至 2018 年 6 月，我国农村地区互联网普及率达到 36.5%，网民规模为 2.11 亿。[①]《2015 农村互联网发展状况研究报告》显示，截至 2015 年 12 月，中国农村网民规模达 1.95 亿，其中农村学生占比 24.2%，[②] 是占比最大的群体。根据全国妇联(2013)的调查，全国有农村留守儿童 6102 万，占农村儿童的 37.7%。由此可见，留守儿童是农村网民中的一个重要群体。农村信息基础设施的完善和智能手机的普及，越来越多的留守儿童开始接触和使用网络，但相关的研究目前较少。本研究旨在探究在移动互联网背景下，农村留守儿童的网络使用对其自我认同的影响，深入分析留守儿童自我认同的影响因素。

心理学家埃里克森最早提出了自我认同的概念。他认为，自我认同的内涵是指个体自身发展过程的一种内部结构，一方面，将个体的发展动机扩展到了意识

---

① 中国互联信息网络中心．第 42 次中国互联网络发展状况统计报告. www.cnnic.net.cn。

② 中国互联网络信息中心．2015 农村互联网发展状况研究报告．www.cnnic.net.cn。

层面，包含个体对自我身份的定位与认知；另一方面，强调了个体与环境之间的互动作用，包括个体对某个群体的理想与特征的内心趋同。埃里克森将个体的心理发展过程划分为八个不同的发展阶段，每个阶段都要面临不同的发展任务和解决不同的危机。在青春期，青少年不仅要经历在生理上对性别明确区分的发展过程，还要在心理上适应和承受社会文化的急剧变迁所带来的价值观念的冲突，容易产生认同危机。因此，青少年面临的主要发展任务就是建立自我认同，明确自己的身份、现状以及未来发展的方向，逐渐化解认同危机。他提出了自我认同的三个重要组成要素：连续性、一贯性和一致性。

一、问题与假设

作为中国社会转型时期出现的一个特殊群体，留守儿童与普通青少年一样，处于自我认同发展的关键时期。但是，由于受亲子分离的家庭环境、变动的生活状态等因素影响，他们难以建立起稳定、连续、统一的自我认知。因此，跟同龄人相比，留守儿童的自我认同建构具有低层次化和个体化的特征（张明皓，2017），且更容易出现角色混乱、挫败感、焦虑感、自尊与自卑并存、价值观偏差等问题（杨燕，2016）。通过文献梳理，我们发现，目前国内对留守儿童群体自我认同的研究不多，但几乎无一例外地指出他们存在自我认同方面的种种问题。这可能与研究者存在“潜在假设”，将留守儿童与“问题儿童”等同起来有关。同时，这些研究大多将留守儿童视为一个同质化群体进行研究，忽略了留守儿童内部之间的差异，有将问题简单化的倾向。实际上，留守儿童群体的生活状态比较复杂，留守时间、亲子沟通等因素都可能对他们的心理和行为产生一定影响，进而影响他们的自我认同状况。因此，有必要作进一步的探讨。

问题一：留守儿童的自我认同现状如何？

问题二：留守儿童的自我认同受到哪些因素影响？

青少年媒介使用与自我认同之间的关系一直受到研究者关注。国内外大量研究表明，媒体使用可以影响青少年认同的形成，特别是在青春期早期的时候这种影响最为明显（N. Huntermann & M. Morgan，2001）。在关于电视对青少年影响的研究中，研究者发现看电视能增加青少年的群体认同，青少年对媒体的选择具有

“认同标志”作用。随着信息传播技术的发展，互联网改变着青少年的成长环境和行为方式，对青少年的心理和行为产生了重要影响，互联网如何影响青少年的自我认同，成为学界关注的重要议题。

网络使用被认为对于青少年的认同发展具有相当程度的影响力，这种影响主要体现在两个方面。第一，互联网提供了认同实验的场所。Matsuba(2009)提出，互联网是青少年实验和探索自我认同的理想场所，青少年在网络空间通过扮演不同角色来体验不同的自我；Crook(1998)进一步认为，青少年使用互联网来表征自我、构建自我、确立自我存在与获得自我认同。第二，互联网提供了人际交往的空间。互联网的匿名性、去抑制性等特征，有利于青少年建立和巩固人际关系，从而获得积极的自我认同。雷雳、陈猛(2005)依据 Bronfenbrenner 的生态学模型，讨论了互联网使用与青少年自我认同的形成与发展的关系，研究发现，互联网使用为青少年提供了一个对其身心发展至关重要的空间，以便青少年进行自我思考与探索，从而促进青少年自我认同的建立。

一些学者研究了互联网使用与自我认同状态的关系。Smahel(2005)研究了互联网对处于不同自我认同状态青少年的影响，发现青少年在线行为与离线自我认同状态基本相符，但是与现实环境相比，互联网可能增强探索并削弱承诺，增加自我表露。张国华、雷雳等人(2008)的研究发现，处于不同自我认同状态的青少年互联网使用偏好有差异，自我认同完成较好的青少年倾向于使用互联网信息服务项目，自我认同扩散的青少年更多地倾向于娱乐和维持虚拟的网上人际关系。有学者进一步提出“在线自我认同”与“离线自我认同”(D. Šmahel，2003)的概念。由此可见，青少年的自我认同与其互联网使用之间存在着密切关系，但由于青少年网络使用行为的多元化，他们的网络使用与自我认同之间的关系较为复杂，互联网使用究竟是促进还是妨碍青少年的自我认同的建立，研究者得出的结论并不一致，但大多偏向积极。

相较于青少年网络使用与自我认同的研究结论，留守儿童的网络使用在社会舆论中普遍存在一种负面刻板印象，留守儿童沉迷网游、逃课上网等新闻时常见诸报端。从已有研究来看，由于缺少父母监管和情感支持，留守儿童容易沉迷网络，给他们的生活、学习和人格发展带来不良影响已然成为学界与社会的“共识”。一些研究者认为，留守儿童对网络的依赖程度比非留守儿童要高，上网时间比非留守儿童长，逃课上网的比例也高于非留守儿童；有的留守儿童在网上接触过色情、暴力等不良信息；有的留守儿童在网络影响下，性格变得孤僻、偏执(王秋香，2008)。但这些讨论大多是基于现象层面进行的推断，缺少科学、深入的调查和论证。网络使用究竟是促进还是妨碍留守儿童的自我认同建立？在何种情况下网络使用会促进或妨碍留守儿童的自我认同建立呢？目前尚无相关的实证研究。鉴于此，提出以下研究问题：

问题三：网络使用是否会对留守儿童自我认同产生显著影响？

假设 1a：网络使用强度对留守儿童自我认同有显著正向影响。

假设 1b：网络使用强度对留守儿童自我认同有显著负向影响。

假设 2a：网络使用内容对留守儿童自我认同有显著正向影响。

假设 2b：网络使用内容对留守儿童自我认同有显著负向影响。

二、自我认同的测量工具

埃里克森对自我认同的概念、内涵进行了阐释，但并未对其进行操作化。由于自我认同这一概念的复杂性和多维性，使得对其进行操作化和测量较为困难，20 世纪 60 年代以来，心理学、社会学等学科研究者围绕自我认同的状态、内容、风格等不同开展了系统和深入的研究，在自我认同的操作化和测量工具等方面取得了一系列丰富的成果。

在埃里克森自我认同理论的基础上，玛西亚(1966)最早尝试对自我认同概念进行操作化，他将自我认同划分为探索(exploration)和承诺(commitment)两个维度，分别从结构、现象学与行为三个角度进行实证研究。其中，探索是指个体在同一性形成过程中对各种与自己相关的问题，比如政治观念、职业的选择、宗教信仰、社会角色等问题产生迷茫和困惑，做出积极的思考与选择；承诺是指个体在对各项选择作出决定后所形成的坚定决心，以及所花费的时间、精力与毅力等方面的投入。玛西亚区分了四种认同状态：认同获得(identity achievement)、认同延缓(identity moratorium)、认同扩散(identity diffusion)及认同早闭(identity foreclosure)。

Grotevant(1987)从动力学的角度构建了自我认同形成与发展的过程模型，提出影响自我认同形成的因素包括：人格因素，社会环境因素以及个人对探索过程的意识。他对玛西亚的“探索”作了进一步划分，并对“探索”的成分、探索的过程进行了实证研究。他认为，能力(abilities)和取向(orientations)是探索过程的两个独立成分。而探索的过程则包括五个变量：寻求信息的倾向(information-seeking tendency)、是否存在竞争力(the presence or absence of competing forces in one's)、对当前同一性状态的满意度(satisfaction or dissatisfention with one's current identity)、对探索过程的期待(exprectations for the exploration process)、探索的意愿(willingness to explore)。Grotevant 认为，个体在自我认同的发展过程中，常常会依据外界环境、自我能力发展等不断变化着的信息对自己的探索行为进行思考，当他们对已有的特定选择不满意时，就会停止探索过程。自我认同过程模型的提出，可以很好地考察这个过程的形成以及影响因素的作用。

此外，亚当斯(Adams)的“自我认同状态量表”(OM-EIS)及其修订版，以及加藤厚的自我认同地位研究，奥克斯和普拉格的“自我认同感量表”(SIS)等测量工具和模型均从实证层面对自我认同进行了操作化。这些测量工具均是建立在玛西亚“自我认同状态理论”的基础上的。而这一理论或模型倾向于将“自我认同”视为一个“静态”的状态进行测量，与埃里克森提出的自我认同的内涵并不完全一致。

奇克(Cheek，1982)对自我认同的内容进行了实证研究，提出以“认同重要性”(identity important)作为测量维度，并编制了 AIQ 量表，将自我认同的内容划分为个人认同(personal identity)和社会认同(social identity)两个维度进行测量。在随后的研究中，他还相继发现了集体认同(collective identity)和关系认同(relational identity) 两个维度，并多次对 AIQ 量表进行了修订完善。奇克编制的 AIQ 量表(Aspects of Identity Questionnaire)以“重要性”作为测量维度，测量个体对认同内容的心理需求程度，了解反映个体本身想要达成或满足的认同需求。AIQ 量表经过多次修订，成为目前使用最广泛的“自我认同”调查工具之一。

笔者认为，“认同重要性”的提出反映了个体在进行自我认同探索过程中的自主性与能动性，也反映了个体发展过程中对内在价值体系的心理需求。因此，本研究使用“认同重要性”作为自我认同的测量指标，采用奇克等人 1994 年修订的 AIQ-IIIx 量表(Aspects of Identity Questionnaire-IIIx)。量表包含四个维度，即个人认同、关系认同、社会认同和群体认同，共35个项目。采用李克特五点量表，从"不重要"到"非常重要"分别赋值1-5分。

三、"认同重要性"量表的修订

AIQ-IIIx量表对"认同重要性"的操作化，是以美国青少年的生活状况为参照的。由于美国的文化背景和青少年的生活议题与国内有一定差异，该量表的一些题项并不适用于国内青少年认同重要性的测量。因此，笔者在施测前通过因子分析对AIQ-IIIx量表题项进行了调整和删除，删去了与调查对象的文化背景和生活环境情况不太符合的题项，如"我的宗教""我的性取向"等，并对语义容易混淆的一些题项进行了合并处理，将原量表的35个题项缩减为30个题项。

1. 问卷结构效度分析

为了检验量表题项的合理性及其与国内农村青少年实际生活的适切性，笔者进行了一次试测，对量表的信度和效度进行了初始验证。

试测于2017年9月在贵州省某县一农村中学实施，在七、八、九三个年级共发放问卷164份，回收问卷158份，有效问卷152份，有效回收率92.6%，满足因素分析样本量需在题项的5倍以上的样本需求。对数据编码后使用SPSS21软件进行分析。样本的构成见表4-1。

表4-1 试测样本的描述统计（$N=152$）

		次数	百分比	有效的百分比	累计百分比
性别	女性	78	12.6	51.3	51.3
	男性	74	12.0	48.7	100.0
年级	七年级	22	3.5	14.3	15.1
	八年级	79	12.8	52.1	67.2
	九年级	51	8.1	32.8	100.0
是否留守儿童	是	103	16.7	68.1	68.1
	否	49	7.9	31.9	100.0

笔者对试测问卷中的“自我认同重要性”量表进行了项目分析、效度检验与信度检验。

项目分析的目的在于确认预设调查量表中所设计题目的适用程度，进而对预设量表题目进行必要的删减。本研究采用极端组 T 检验法和相关分析法进行项目分析。删减题目的原则：一是将量表总分按高低分排序后，将得分前 27%的样本定义为高分组，得分后 27%定义为低分组样本，然后就量表中的各题目在高分组和低分组之间进行独立样本 T 检验，删除达不到显著水平的题目；二是删除题目与量表总分相关关系不显著或者相关系数低于 0.3 的题目。

由表 4-2 可知，根据独立样本 T 检验的结果可得，只有“我拥有的东西，我的财产”题项的 t 值无显著性，那么“我拥有的东西，我的财产”题项应被剔除。

表 4-2　**自我认同量表项目分析结果**

题　　项	t 值	相关系数	决策结果
1. 我拥有的东西，我的财产	−1.919	0.193*	删除
2. 我的个人价值和道德标准	−2.080*	0.213*	删除
3. 受到他人的欢迎	−4.885**	0.436**	保留
4. 我是家族的一员	−3.059**	0.359**	保留
5. 我的理想	−2.596*	0.343**	保留
6. 我的言行举止	−2.488*	0.280**	删除
7. 我的民族	−3.275**	0.277**	删除
8. 我未来的目标和期望	−3.288**	0.293**	删除
9. 我的外形：身高、体重和身材	−2.964**	0.370**	保留
10. 我的情绪和感觉	−3.010**	0.352**	保留
11. 我的名誉或声誉	−3.596**	0.305**	保留
12. 我居住的地方或长大的地方	−3.475**	0.352**	保留
13. 我的想法和见解	−4.887**	0.478**	保留
14. 我对其他人的吸引力	−3.858**	0.380**	保留
15. 我的年龄，属于我年龄的群体	−4.551**	0.474**	保留
16. 我应对恐惧和焦虑的方式	−2.684**	0.312**	保留

续表

题　　项	t 值	相关系数	决策结果
17. 我的性别	−3.062**	0.255**	删除
18. 我是一个独一无二的人	−4.358**	0.311**	保留
19. 我的社会阶层	−3.371**	0.350**	保留
20. 即使外部环境有很多变化，我知道自己在本质上是一样的	−5.323**	0.459**	保留
21. 我的仪态和举止给别人的印象	−4.071**	0.394**	保留
22. 我对自己社区(团体)的归属感	−6.133**	0.482**	保留
23. 我的自我认识(我对自己是一个什么样的人的看法)	−5.880**	0.502**	保留
24. 我的社交行为，比如我与人交往的方式社会	−4.092**	0.444**	保留
25. 我为我的国家感到自豪，为我是一个公民感到自豪	−2.468*	0.272**	删除
26. 我的运动能力和身体协调能力	−3.912**	0.454**	保留
27. 作为一个体育爱好者，我有自己喜爱的球队	−3.775**	0.301**	保留
28. 我的职业选择和职业规划	−6.325**	0.543**	保留
29. 我的学习能力和表现(我的成绩和老师的评价)	−6.336**	0.519**	保留
30. 我的语言(我的地方口音、方言或我知道的第二种语言)	−3.941**	0.436**	保留

注：* 表示 $p<0.05$；** 表示 $p<0.01$。

根据相关分析的结果可得，“我的个人价值和道德标准”“我的言行举止”“我的民族”“我未来的目标和期望”“我的性别”“我为我的国家感到自豪，为我是一个公民感到自豪”题项与量表总分之间的相关系数小于 0.3，表明这 6 个题项与其余题项的相关为低度关系，因此，这 6 个题项应被删除。

由表 4-3 可知，在关于“自我认同重要性”量表的信度检验结果中，量表的总体 Cronbach α 系数为 0.7809。其中删除“我居住的地方或长大的地方”题项后，剩余题项计算所得的总体 Cronbach α 系数上升至 0.7819；删除“我应对恐惧和焦虑的方式”题项后，剩余题项计算所得的总体 Cronbach α 系数上升至 0.7811；而删除“我是一个独一无二的人”题项后，剩余题项计算所得的总体 Cronbach α 系数上升至0.7825。删除12、16、18三个题项后，剩余题项组成的量表内部一致性更好。

表4-3　　问卷中"自我认同"量表的信度检验结果

	题项已删除的Cronbach's Alpha值	总体的Cronbach's Alpha值
3. 受到他人的欢迎	0.7688	0.7809
4. 我是家族的一员	0.7767	
8. 我未来的目标和期望	0.7767	
9. 我的外形：身高、体重和身材	0.7751	
10. 我的情绪和感觉	0.7741	
11. 我的名誉或声誉	0.7804	
12. 我居住的地方或长大的地方	0.7819	
13. 我的想法和见解	0.7704	
14. 我对其他人的吸引力	0.7733	
15. 我的年龄，属于我年龄的群体	0.7684	
16. 我应对恐惧和焦虑的方式	0.7811	
18. 我是一个独一无二的人	0.7825	
19. 我的社会阶层	0.7744	
20. 即使外部环境有很多变化，我知道自己在本质上是一样的	0.7685	
21. 我的仪态和举止给别人的印象	0.7711	
22. 我对自己社区(团体)的归属感	0.7695	
23. 我的自我认识(我对自己是一个什么样的人的看法)	0.7657	
24. 我的社交行为，比如我与人交往的方式	0.7698	
26. 我的运动能力和身体协调能力	0.7704	
27. 作为一个体育爱好者，我有自己喜爱的球队	0.7806	
28. 我的职业选择和职业规划	0.7634	
29. 我的学习能力和表现(我的成绩和老师的评价)	0.7668	
30. 我的语言(我的地方口音、方言或我知道的第二种语言)	0.7735	

对问卷中量表"自我认同"进行效度检验。

由表 4-4 可知，"自我认同"量表的 KMO 值为 0.750>0.7，表明问卷中"自我认同"量表的观测量数据适合做因子分析，可进行下一步的因子分析过程。

表 4-4　　**因子分析计算所得 KMO 值的结果**

取样足够度的 Kaiser-Meyer-Olkin 度量		0.750
Bartlett 的球形度检验	近似卡方	592.614
	df	190
	Sig.	0.000

由表 4-5 可知，取前 4 个因子就能够很好的解释"认同重要性"量表的信息，能够解释的信息比例为：81.232%，各个因子的因子载荷值均>0.5。由此可见，问卷中"认同重要性"量表的观测量数据的结构效度较高。

表 4-5　　**因子分析的因子选择结果**

题　项	因　子			
	1	2	3	4
受他人欢迎	0.282	0.611	0.143	−0.063
我的外形	0.015	0.706	−0.305	0.200
名誉	0.260	0.743	0.225	−0.150
吸引力	−0.229	0.703	0.384	0.143
仪态和举止	0.183	0.528	0.170	0.098
社交行为	0.225	0.529	0.267	0.014
我是家族的一员	0.513	−0.014	0.069	0.104
团体归属感	0.659	0.095	0.040	0.169
我的语言	0.514	0.163	0.201	0.085
理想	0.290	−0.031	−0.030	0.554
情绪和感觉	0.230	−0.230	−0.065	0.668
想法和见解	−0.235	0.351	0.346	0.856
即使生活有变化，自己本质是一样的	0.126	0.010	0.089	0.757
自我认识	0.160	0.291	0.037	0.681

续表

题项	因子			
	1	2	3	4
年龄群体	0. 000	0. 279	0. 569	0. 103
社会阶层	0. 241	0. 349	0. 647	0. 036
运动能力	0. 177	-0. 077	0. 778	0. 104
体育爱好	0. 155	-0. 021	0. 590	-0. 065
职业规划	0. 211	0. 244	0. 758	0. 345
学习能力和成绩	0. 258	0. 115	0. 711	0. 063
特征值	5. 687	4. 432	3. 160	2. 968
方差贡献率	28. 435	22. 159	15. 800	14. 838
累计方差贡献率	28. 435	50. 594	66. 394	81. 232

综上所述，问卷中“认同重要性”量表具有很好的信度和效度(见表 4-6)。

表 4-6　**问卷中“认同重要性”量表的最终组成题项**

维度	题项
社会认同	我受到他人的欢迎
	我的外形：身高、体重和身材
	我的名誉和声誉
	我对他人的吸引力
	我的仪态和举止给别人的印象
	我的社交行为，我与人交往的方式
集体认同	我是家族的一员
	我对自己团体的归属感
	我的语言
个人认同	我的理想
	我的情绪和感觉
	我的想法和见解
	即使外部环境有很多变化，我知道自己在本质是一样的
	自我认识

续表

维度	题　　项
关系认同	年龄群体 社会阶层 运动能力 体育爱好 职业规划 学习能力和成绩

经过题项的调整和删除，原量表的35个题项缩减为20个题项，社会认同6项、集体认同3项、个人认同5项、关系认同6项。

初步验证表明，删除题项后的AIQ-IIIx量表KMO＝0.860①，结构效度和内部一致性信度较好，在国内的文化背景下用于测量青少年自我认同重要性具有一定的适切性。

四、数据分析与研究发现

1. 留守儿童自我认同的基本情况

总的来看(见表4-7)，留守儿童认同重要性得分情况较好(M＝69.89，SD＝11.28)，表明处于自我意识发展期的留守儿童个体对不同面向的自我认同心理需求程度都比较高。在社会认同中，排在第一位的是“我的名誉”(M＝3.60，SD＝1.28)；在集体认同中，排在第一位的是“我是家族的一员”(M＝4.50，SD＝0.81)；在个人认同中，排在第一位的是“我的理想”(M＝4.46，SD＝0.87)；在关系认同中，排在第一位的是“我的学校能力和成绩”（M＝3.80，SD＝1.11）。

① KMO(Kaiser-Meyer-Olkin)是一个用于比较变量间简单相关系数和偏相关系数的指标。KMO指标值介于0与1之间。根据Kaiser(1974)的观点，KMO值至少要在0.6以上，变量才可以进行因子分析。

表 4-7　　留守儿童自我认同的描述统计($N=336$)

	均值	标准差
自我认同总分	69.89	11.28
社会认同	19.84	4.24
我受到他人的欢迎	3.19	1.05
我的外形	3.27	1.18
我的名誉	3.60	1.28
我对他人的吸引力	2.49	1.11
我的仪态和举止给别人的印象	3.48	1.11
我与人交往的方式	3.80	0.98
集体认同	11.23	2.17
我是家族的一员	4.50	0.81
我对自己团体的归属感	3.39	1.17
我的语言	3.33	1.15
个人认同	18.60	3.31
我的理想	4.46	0.87
我的情绪和感觉	3.65	1.01
我的想法和见解	3.52	0.97
我在本质上不会随外部环境变化而改变	3.23	1.05
我对自我的认识	3.74	1.16
关系认同	20.19	4.12
我所属的年龄群体	2.99	1.19
我所属的社会阶层	2.87	1.21
我的运动能力	3.70	1.09
我有喜爱的球队(员)	3.04	1.37
我的职业规划	3.75	1.27
我的学习能力和成绩	3.80	1.11

2. 留守儿童自我认同的影响因素分析

为了回答第二个、第三个研究问题，采用分层回归法，分别以认同重要性的四个维度作为因变量，以性别、年龄、年级、家庭经济状况作为第一阶层的自变量，以留守时间、亲子沟通频率作为第二阶层的自变量，以电脑上网频率、电脑上网时长、手机上网频率、手机上网时长作为第三阶层的自变量，以网络使用内容偏好作为第四阶层的自变量，依次进入回归方程。

回归分析的结果表明（见表4-8），性别对集体认同（$\beta=-0.114$，$p<0.05$）、个人认同（$\beta=-0.159$，$p<0.01$）有显著影响，与留守男童相比，留守女童更为重视集体认同和个人认同。年龄对关系认同有显著影响（$\beta=0.032$，$p<0.05$），年龄越大，越重视关系认同。年级与社会认同（$\beta=0.270$，$p<0.01$）、关系认同（$\beta=0.042$，$p<0.05$）有显著的正向关联，高年级的留守儿童更为重视社会认同和关系认同。家庭经济状况对自我认同的四个维度均没有显著影响。留守时间对自我认同的四个维度均没有显著影响，亲子沟通频率（$\beta=0.115$，$p<0.05$）对集体认同有显著的正向影响。

表4-8　**留守儿童自我认同影响因素的回归分析（$N=336$）**

	社会认同	集体认同	个人认同	关系认同
性别	-0.038	-0.114*	-0.159**	0.567
年龄	-0.080	-0.114	-0.123	0.032*
年级	0.270**	0.116	0.098	0.042*
家庭经济状况	-0.101	-0.082	-0.011	0.400
ΔR^2	0.062	0.029	0.035	0.021
留守时间	-0.061	0.039	0.048	0.035
亲子沟通频率	0.090	0.115*	0.093	0.030
ΔR^2	0.013	0.013	0.010	0.002
电脑上网频率	-0.017	-0.023	0.061	0.038
电脑上网时长	-0.040	-0.077	-0.100	-0.042
手机上网频率	-0.110	-0.040	-0.114	-0.025
手机上网时长	0.271**	0.097	0.152	0.030
ΔR^2	0.041	0.011	0.013	0.001
社交型使用	0.243***	0.169**	0.151**	0.123*
信息型使用	0.129**	0.109*	0.206***	0.154**
娱乐型使用	0.085	-0.111	-0.002	0.036
ΔR^2	0.063	0.049	0.059	0.034

注：* 表示 $p<0.05$，** 表示 $p<0.01$，*** 表示 $p<0.001$。

电脑上网频率、电脑上网时长、手机上网频率与自我认同没有显著关联。手机上网时长对社会认同有显著的正向影响(β=0.240，p<0.01)，也就是说，手机上网时间越长的留守儿童，越重视社会认同。网络使用的内容对自我认同有显著影响，社交型网络使用对社会认同(β=0.257，p<0.001)、集体认同(β=0.178，p<0.01)、个人认同(β=0.157，p<0.01)和关系认同(β=0.155，p<0.01)均有显著的正向影响；信息型网络使用对社会认同(β=0.133，p<0.05)、集体认同(β=0.117，p<0.05)、个人认同(β=0.212，p<0.001)关系认同(β=0.155，p<0.01)均有显著的正向影响。娱乐型网络使用与自我认同的四个维度均没有显著关联。H1a、H2a 均得到部分验证，H1b、H2b 被拒绝。

在控制了性别、年龄、年级、家庭经济状况等因素后，在认同重要性的四个维度中，网络使用对社会认同具有较强的解释力，网络使用强度、网络使用内容分别解释了社会认同 4.1%和 6.3%的变异量。

本章小结

随着光纤和 4G 的接入，以及电脑、智能手机在农村家庭的普及，互联网逐渐成为留守儿童获取信息、人际交流、休闲娱乐等的重要工具和平台，对他们的自我认同发展产生了深刻而复杂的影响。本章以认同重要性作为自我认同的测量指标，全面考察了农村留守儿童的自我认同现状，并根据自我认同理论，探索了网络使用对留守儿童自我认同的影响。

研究发现，不同的网络使用行为对留守儿童自我认同产生不同影响。信息型网络使用和社交型网络使用自我认同的四个维度均有显著正向影响，也就是说，留守儿童信息型网络使用和社交型网络使用越多，其对各个领域的自我认同需求程度越高。这表明，一方面，互联网已经成为生活在乡村的留守儿童获取信息的重要工具，他们通过使用互联网的各类信息服务，获取学习、生活等方面的知识，能够促进他们的社会认知，提升自我效能感，使其对自我重要性的评估更为积极。另一方面，互联网使得人际交流可以突破时间、空间和社会地位等交往“门槛”的束缚，有利于留守儿童拓展人际交往的范围。借助互联网，留守儿童不仅能与远方的家人联系交流，还可以发展建立新的人际关系，促进他们的社会卷入，帮助减少孤独等负面情绪，从而对他们的自我认同产生积极影响。由此可见，互联网不会妨碍对留守儿童自我认同的建立，相反，互联网使用对他们自我认同的形成和发展有积极作用。这与以往关于留守儿童网络使用行为的研究结论并不一致。

然而，我们也要看到，青少年正处于自我认同发展形成的关键时期，无论是留守儿童还是普通青少年，过度使用互联网都可能产生一定的消极作用。由于缺乏父母的有效监管，上网环境相对宽松，留守儿童“网络成瘾”的潜在风险相对较高，加强对留守儿童的媒介素养教育，引导这一群体合理使用互联网是一项重要而迫切的现实任务。

研究还发现，亲子沟通频率对留守儿童自我认同有显著正向预测作用。因此，外出务工的父母应与留守儿童保持密切的交流和沟通，给予留守儿童更多的关心，让他们感受到亲情的温暖，弥补其因亲子分离带来的情感缺失，而不仅仅是满足他们物质上的需要。

需要注意的是，研究尽管对留守儿童互联网使用行为对其自我认同重要性不同维度的影响效应做出了解释，但研究结果显示，回归模型的解释力偏低，相关待解释的影响机制仍需要后续研究的进一步探索。

第五章　网络使用、社会支持与农村留守儿童的主观幸福感

近年来，随着政府农村留守儿童保护体系的建立和完善，农村留守儿童规模有所下降，但总体规模仍然较大。以往研究表明，长期与父母分离，对留守儿童的身心健康有不利影响(叶敬忠、潘璐 2008；申继亮等，2015)。规模庞大的留守儿童群体是我国未来劳动力的重要来源，其身心健康状况不仅会直接影响个人未来发展，也会影响我国的经济发展和社会稳定(Heckman et al.，2006；李芳等，2016)。

无论是在东方还是西方，幸福都是人们追求的终极目标，是人们十分关注的问题。幸福概念的起源可以追溯到古希腊时代阿里斯底波(Aristippus)的"快乐主义"哲学。从心理学的角度看，幸福是人类个体认识到自己需要得到满足以及理想得到实现时产生的一种情绪状态，是由需要(包括动机、欲望、兴趣)、认知、情感等心理因素与外部诱因的交互作用形成的一种复杂的、多层次的心理状态(何瑛，1999)。主观幸福感是个体依据一定标准对其生活质量所作的总体评价，是反映某一社会中个体生活质量的重要综合性指标(Diner，1984)，常被研究者作为测量个体心理健康水平的重要指标。以往研究发现，因为缺少父母的关爱和情感交流，留守儿童更有可能出现心理和精神问题(Zhou，R. Y.，Wang，J. J.，Ma，B. X.，2020)，导致其主观幸福感的降低(李娜、张林雨，2006)。过去大量研究证实，社会支持对个体心理健康有重要影响，能帮助个体对压力环境采取积极的应对，有利于维持个体良好的心理健康水平，因此，社会支持作为重要的社会资源，可能会缓冲留守儿童面临的种种压力和负面情绪，成为影响留守儿童主观幸福感的重要的因素。

随着中国农村网络基础设施不断完善，以及电脑、智能手机在农村地区逐步普及，互联网改变了留守儿童信息获取、人际交往、休闲娱乐的方式，网络使用

成为影响留守儿童发展的重要环境变量。在这样的背景之下，探讨网络使用会如何影响留守儿童的主观幸福感具有较强的现实意义。本研究拟对农村留守儿童的网络使用、社会支持和主观幸福感进行考察，分析农村留守儿童的网络使用、社会支持和主观幸福感现状，探讨其网络使用与社会支持、主观幸福感之间的关系，以期了解农村留守儿童的心理发展状态，并为干预工作提供帮助。

一、网络使用、社会支持与主观幸福感

Diener(1984)等认为，主观幸福感是个宽泛的现象范畴，包括人们的情感反应、生活满意度，以及对生活满意度的综合判断，他把影响主观幸福感的各种因素分为内部因素和外部因素两种，从而构成了主观幸福感影响因素研究的两种不同的取向。外部因素包括经济状况、文化差异、生活事件、社会支持等，内部因素包括人格因素、认知模式、成就目标、社会适应等。Alan Carr(2008)认为，主观幸福感是衡量个体生活质量的重要综合性心理指标，与幸福、快乐、生活满意度(或者生活质量)具有相同的学术概念内涵。主观幸福感由情感因素和评价因素两个成分组成。情感因素包含积极情绪和消极情绪，评价因素是对自己生活满意程度的认知和评价。个体对生活质量的整体满意程度越高，体验到的积极情感越多、消极情感越少，则个体的主观幸福感就越强。目前学术界关于农村留守儿童主观幸福感的研究不多，研究主题大致可以归纳为两个方面：一是以非留守儿童作为参照群体，对农村留守儿童主观幸福感的总体情况进行判断。以往研究发现，相较于非留守儿童，留守儿童的主观幸福感偏低(张丽芳、唐日新、胡燕等2006；Lihong Ye，Yu Qian et al.，2020)。二是探讨影响农村留守儿童主观幸福感的因素，主要关注了个体人口学特征、家庭因素、社会支持、个体心理特征等因素对农村留守儿童的主观幸福感的影响(陈亮、张丽锦、沈杰，2009；喻永婷、张富昌，2010；J. Cheng，Y. H. Sun，2015；范兴华、余思、彭佳等，2017)。

社会支持是个体从社区、社会网络或从亲戚朋友那里获取的物质或精神上的帮助(Cullne，1994)。Malecki(2003)等人认为，社会支持对个体的社会性发展和心理健康等多个方面具有积极作用，有助于增进快乐感和幸福感。对于处于不利环境条件下的儿童，社会支持是一个重要的应对资源，既可以提高个体的自我评价水平，增强其应对不良环境的心理能力，也可以直接缓冲外在压力事件的消极影响，对心理和行为适应具有一定的保护性作用(P. Zelkowitz，1987)。领悟社会支持是社会支持的重要部分，强调的是个体对可能获得的社会支持的信念(C. Duukel-Schetter，T. L.，Bennett，1990)。大量研究证实，相较于实际社会支持，领悟社会支持对个体的健康发展产生的作用更重要，领悟社会支持与主观幸福感之间存在积极关联(杨晓晖，2005；李儒林、陈辉耀，2006)。陈旭(2003)等人的研究发现，领悟社会支持能显著预测留守儿童的主观幸福感水平。因此，增加领悟社会支持可能是提高留守儿童主观幸福感的有效途径。

在当前的信息化社会，互联网对人们的认知和行为产生了广泛而深刻的影响，从20世纪90年代起，研究者开始关注网络使用与社会支持、主观幸福感的关系。互联网被认为便利了人们之间的相互联系，成为提供社会支持的全新场域(R. E. Kraut，S. Kiesler & B. Boneva，2002)。Caplan(2003)的研究指出，计算机中介的社会支持能降低交往门槛，使人们能够更为自在地讨论私密话题，获得情感支持。对于一些弱势青少年来说，网络空间可能是他们唯一的社会支持来源(Tynes，2007)。在多项研究中，互联网使用被证实可能对使用者的幸福感产生影响，但研究结论并不一致。有研究指出，青少年通过网上即时通信交友，减少了与现实中朋友相处的时间，降低了朋友关系质量，影响了他们的生活满意度(Patti M. valkenburg & Jochen Peter，2007)。有研究者推测，互联网驱动的弱联系会造成社会支持的降低，进而导致心理幸福感的降低(Kraut et al.，1998；Subrahmanyam & Lin，2007)。也有研究发现，互联网使用对人们的幸福感有积极的促进作用，但互联网使用产生的积极效果因人而异。关于青少年互联网使用的多项研究均未发现互联网使用时间与幸福感之间存在关联(E. F. Gross，Juvonen & S. L. Gable，2005)，互联网使用的内容和方式可能才是影响青少年幸福感的关键。同时，青少年用户的人格因素、心理和社会资源等也是重要影响因素(Subrahmanyam & D. Smahel，2014)。然而，很少有研究者从媒介使用这一因素讨论农村留守儿童的主观幸福感问题。

总之，本研究的目的是考察农村留守儿童的网络使用情况，探讨农村留守儿童的网络使用、社会支持与主观幸福感之间的影响机制，研究问题如下：(1)留守儿童与非留守儿童的网络使用是否有显著差异？(2)留守儿童的领悟社会支持和主观幸福感现状如何？(3)网络使用对留守儿童的主观幸福感是否有显著影响？

二、测量工具

1. 主观幸福感

本研究将主观幸福感分为生活满意度、情感平衡两个部分进行测量。其中，"生活满意度"采用 Edward Diener 编制的"生活满意度量表"(汪向东、王希林、马弘，1999)，共设置5个问题：(1)总的来说，我的生活接近理想状态；(2)我的生活情况很好；(3)我已得到生活中想要的东西；(4)我对自己的生活满意；(5)如果人生可以重来，我基本不会选择改变任何东西。采用李克特5点量表，从非常同意到非常不同意，分别赋值1~5分。情感平衡采用 Norman M. Bradburn (1969)编制的"情感量表"，共设置10个问题。其中，5个问题涉及愉快、幸福、自豪等积极情感体验，回答"是"计1分，回答"否"不计分，将得分加总，得到积极情感得分；5个问题涉及焦虑、忧郁、孤独等消极情感体验，回答"是"计1分，回答"否"不计分，将得分加总，得到消极情感得分。将积极情感得分减去消极情感得分，再加上一个系数5，得到情感平衡综合指标。

2. 领悟社会支持

社会支持的测量采用了 Zimet(1988)等编制的多维领悟支持量表(MSPSS)简化版，共12个问题。量表分为三个维度，分别是家人支持、朋友支持和他人支持，每个维度4个问题。采用李克特5点量表，从非常同意到非常不同意，分别赋值1到5分。将各维度包含的题项得分分别加总后求均值，得出家人支持、朋友支持、他人支持的得分。三项得分相加，得到"领悟社会支持"的综合指标。

3. 网络使用

本研究将网络使用分为"强度"(接触网络的频次、时长)和"内容"两个方面进行测量。测量网络使用强度包括网络使用频次和使用时长。其中，测量网络使用"频次"采用了两个问题："你一周电脑上网的频率？""你一周手机上网的频率?”选项为“从不”“偶尔(每周 1~2 次)”“有时(每周 3~4 次)”“每天使用”，赋值为 1 到 4。测量网络使用“时长”也采用了两个问题：“你每周电脑上网的时间有多久?”“你每周手机上网的时间有多久?”选项为“1 小时以内”“1~2 小时”“2~3 小时”“3 小时以上”，分别赋值 1 到 4 分。

测量留守儿童的网络使用内容采用了 12 个问题，量表根据郑素侠(2017)，冯聪、凌霄(2005)等人的研究，以及笔者在访谈中了解的情况编制。询问受访者上网时从事以下活动的频繁程度：(1)搜索信息；(2)看新闻；(3)玩游戏；(4)聊天；(5)看电视；(6)看小说；(7)抢红包；(8)发帖或转发感兴趣的内容；(9)下载资料；(10)听音乐；(11)在 QQ 空间/朋友圈发照片或心情状态；(12)给好友点赞。答案采用李克特五点量表，选项为“从不”“偶尔”“有时”“经常”“总是”，分别赋值 1 到 5 分。研究使用 SPSS22.0 软件对量表进行了因子分析。该量表的 KMO 值=0.842，表明量表具有较好的内部一致性。因素分析后析出三个因子，分别命名为社交型使用、信息型使用和娱乐型使用(见表 5-1)。

表 5-1　**留守儿童网络使用内容偏好的因素分析(N=336)**

	社交型	信息型	娱乐型
发帖或转发	0.752		
聊天	0.645		
抢红包	0.506		
点赞或评论	0.663		
分享照片或心情	0.818		
搜索信息		0.656	
浏览新闻		0.702	
下载资料		0.622	
玩游戏			0.478
看电视			0.745
听音乐			0.471
看小说			0.598

4. 控制变量

研究将年龄、性别、年级、家庭经济状况作为控制变量。其中，性别作虚拟变量处理，男性赋值为1，女性赋值为0，年级赋值为七年级为7，八年级为8，九年级为9。家庭经济状况采用5点量表，从非常差到非常好，分别赋值1～5分。

三、研究发现

1. 留守儿童网络使用状况

从表5-2可知，总体来看，留守儿童上网的频率、时长不高，在电脑、手机两种网络接入方式中，留守儿童使用手机上网的频率更高，上网时长也更长。就网络使用内容而言，留守儿童更偏爱娱乐型网络使用($M=2.94$)，其次为社交型网络使用($M=2.39$)，频率最低的是信息型网络使用($M=2.37$)。留守儿童与非留守儿童的手机使用时长具有显著差异($P<0.05$)，留守儿童手机使用时长($M=1.71$)显著高于非留守儿童的手机上网时长($M=1.51$)；留守儿童的电脑上网时长、手机上网频率略高于非留守儿童，但无统计学意义上的显著差异。同时，留守儿童与非留守儿童在网络使用内容上存在显著差异，留守儿童的娱乐型网络使用($M=2.94$)显著($P<0.05$)高于非留守儿童的娱乐型的网络使用($M=2.81$)。

表5-2　**留守儿童与非留守儿童网络使用的差异**

检验变量	组别	*N*	Mean	SD	均值标准误	*t*
电脑上网频率	留守儿童	336	1.17	0.505	0.028	-0.095
	非留守儿童	215	1.17	0.459	0.031	
电脑上网时长	留守儿童	336	1.15	0.547	0.030	0.434
	非留守儿童	213	1.13	0.453	0.031	
手机上网频率	留守儿童	336	1.83	0.903	0.050	1.399
	非留守儿童	208	1.72	0.852	0.060	

续表

检验变量	组别	N	Mean	SD	均值标准误	t
手机上网时长	留守儿童	336	1.71	0.991	0.054	2.459*
	非留守儿童	213	1.51	0.877	0.060	
社交型网络使用	留守儿童	335	2.39	0.908	0.049	0.613
	非留守儿童	212	2.35	0.874	0.060	
信息型网络使用	留守儿童	335	2.37	0.77	0.042	−0.558
	非留守儿童	212	2.41	0.75	0.051	
娱乐型网络使用	留守儿童	336	2.94	0.73	0.039	2.060*
	非留守儿童	211	2.81	0.69	0.048	

2. 留守儿童的领悟社会支持和主观幸福感

留守儿童的领悟社会支持水平较高(M=11.06，SD=1.86)。在家人支持、朋友支持和他人支持中，家人支持得分最低，(M=3.60，SD=0.72)，朋友支持第二，(M=3.67，SD=0.73)，他人支持最高，(M=3.79，SD= 0.75)。可见，由于父母长期在外，留守儿童感知到的家人支持较少，来自亲戚、老师、同学等他人的支持成为留守儿童更重要的社会支持来源(见表5-3)。

表5-3　　**留守儿童的领悟社会支持(N=336)**

	均值	标准差
领悟社会支持综合指标	11.06	1.86
家人支持	3.60	0.72
我的家庭能够切实具体地给我帮助	3.83	0.902
在我需要时我能够从家庭得到感情上的帮助和支持	3.88	0.949
我的家人能心甘情愿协助我做出各种决定	3.19	1.135
我能与家人谈论我的难题	3.53	0.994
朋友支持	3.67	0.73
我的朋友们能真正帮助我	3.74	0.982
在发生困难时我可以依靠我的朋友们	3.30	1.074

续表

	均值	标准差
我的朋友们能分享我的快乐与忧伤	3.76	0.936
我能与朋友们讨论自己的难题	3.89	0.914
他人支持	3.79	0.75
当我遇到问题时有些人会出现在我身旁	3.70	0.970
我能够与有些人共享快乐与忧伤	3.76	0.980
当我有困难时有些人是安慰我的真正源泉	3.95	0.940
在我的生活中有些人关心着我的感情	3.76	1.020

总的来说，留守儿童的主观幸福感表现比较积极(见表 5-4)。生活满意度偏高($M=15.89$，SD=3.73)，情感平衡状态较好($M=5.35$，SD=2.36)，积极情感得分($M=3.63$，SD=2.36)略高于消极情感得分($M=3.29$，SD=3.29)。

表 5-4　　**留守儿童的主观幸福感($N=336$)**

	均值	标准差
生活满意度	15.89	3.73
总的来说，我的生活接近理想状态	3.21	1.03
我的生活情况很好	3.26	0.97
我已得到生活中想要的东西	2.91	1.11
我对自己的生活满意	3.51	1.01
如果人生可以重来，我基本不会选择改变任何东西	2.99	1.37
情感平衡	5.35	2.36
积极情感	3.63	2.36
消极情感	3.29	3.29

3. 网络使用、社会支持与主观幸福感的影响机制

采用分层回归考察网络使用、社会支持对主观幸福感的影响。分别将主观幸福感的两个维度作为因变量进入回归方程，将人口学变量、网络使用强度、网络

使用内容偏好以及社会支持的三个维度分组依次进入回归方程，如表5-5所示。

表5-5 **网络使用、社会支持与主观幸福感的回归分析($N=336$)**

	生活满意度				情感平衡			
	模型1	模型2	模型3	模型4	模型1	模型2	模型3	模型4
年龄	0.013				0.011			
年级	0.000				-0.006			
性别	-0.073				-0.020			
家庭经济状况	-0.175**				0.003			
电脑上网频率		0.063				-0.055		
电脑上网时长		-0.037				0.018		
手机上网频率		-0.008				-0.027		
手机上网时长		0.013				-0.013		
社交型使用			-0.054				0.015	
信息型使用			0.024				0.163*	
娱乐型使用			-0.095				-0.046	
家人支持				0.319***				0.091
朋友支持				0.084				-0.059
他人支持				0.004				0.096
R^2	0.035	0.037	0.046	0.168	0.001	0.005	0.025	0.043
ΔR^2	0.035	0.02	0.09	0.122	0.001	0.004	0.021	0.017

注：* 表示 $p<0.05$，** 表示 $p<0.01$，*** 表示 $p<0.001$。

结果显示，家庭经济状况对留守儿童的生活满意度有显著负向影响($\beta=-0.175$，$p<0.01$)。当控制了人口学变量后，电脑上网频次、时长及手机上网频次、时长对主观幸福感没有显著影响。网络的信息型使用对留守儿童情感平衡有显著正向影响($\beta=0.163$，$p<0.01$)。在领悟社会支持的三个维度中，家人支持能够显著预测留守儿童的生活满意度($\beta=0.319$，$p<0.001$)，但对留守儿童的情感平衡没有显著影响。朋友支持、他人支持对留守儿童的生活满意度、情感平衡均没有显著影响。社会支持变量解释了生活满意度12.2%的总变差。

四、结论与讨论

本研究考察了留守儿童网络使用、社会支持以及主观幸福的现状，重点分析了网络使用、社会支持与留守儿童主观幸福感之间的作用关系。

首先，留守儿童上网的频率、时长总体不高，在电脑、手机两种网络接入方式中，留守儿童更偏爱使用手机上网，且留守儿童手机上网时长显著高于非留守儿童。这可能是由于电脑价格相对较为昂贵，在农村家庭普及率较低，且手机接入网络比电脑更便捷造成的。大多数留守儿童跟祖辈生活在一起，农村老人对电子设备缺乏相应的知识，对留守儿童手机使用的控制较弱，使得留守儿童手机使用时长显著高于受到父母监管的非留守儿童，且更偏好在线游戏等娱乐型的网络使用行为。因此，监护人要与留守儿童进行有效的沟通，制定一定的上网规范，避免留守儿童网络沉迷，以保证互联网对留守儿童的积极影响。外地的父母对此问题也应给予足够的重视，经常通过电话、网络等与留守儿童沟通，对他们的网络使用进行指导和监管。

其次，留守儿童的领悟社会支持水平较高，主观幸福感表现比较积极，在家人支持、朋友支持和他人支持中，家人支持能显著预测留守儿童的主观幸福感。由于父母远在外地务工，与祖辈监护人在思想观念、生活方式上又存在较大差距，因此当留守儿童遇到困难时，他们只能选择向身边的朋友或者老师、同学等寻求支持。他人支持对留守儿童成长的积极影响不能忽视，但是对于留守儿童而言，家人支持的重要性并没有因此被取代，家人支持对留守儿童的影响仍然最为直接，成为预测他们主观幸福感的重要变量，这与多项关于青少年主观幸福感的研究结论相一致。这表明家人支持对青少年心理健康发展有着极为重要的作用。跟以往研究结论不一致的是，父母外出务工带来的家庭经济状况改善并不能给留守儿童带来更多的幸福感，反而导致他们生活满意度的降低，这可能与一些父母只重视给予留守儿童物质上的“补偿”，而忽视了与他们的情感交流有关。

最后，网络使用频次和时长对留守儿童的主观幸福感没有显著影响，单纯的增加或减少在线时间并不会导致留守儿童主观幸福感的增加或降低，但不同类型的网络使用对留守儿童的主观幸福感产生不同影响。在信息型、社交型和娱乐型三类网络使用内容偏好中，信息型网络使用对留守儿童的情感平衡有显著正向影响。这可能是由于互联网已经成为留守儿童学习、工作和生活的重要工具，信息型的网络使用能满足留守儿童的信息需求，使其获得更多知识并增进对外部环境的了解，从而对主观幸福感产生积极作用。

本章小结

综上所述，本研究证明农村留守儿童网络使用对他们的社会支持和主观幸福感产生积极影响。这些结论对于我们研究、干预留守儿童的心理健康具有启发意义。具体而言，政府部门及教育机构应开设更多的媒介素养教育课程，来指导留守儿童合理、适度地使用互联网，以减少互联网使用可能带来的不利影响，从而更好地发挥网络的积极作用，提升留守儿童的心理健康水平。

第六章　想象的“表演”：留守儿童的自我呈现

根据埃里克森的理论，青少年期个体必须完成建构自我认同这一任务，以避免同一性混乱或同一性缺乏的危机出现。自我同一性的建立要求个体努力对自己的优势和劣势做出评估，从而得出“我是谁”的清晰概念。吉登斯(1991)基于现代性对自我认同进行了阐释，他指出，自我认同并不是个体所拥有的特质，或一种特质的组合，它是每个人对其个人经历进行反身性理解所形成的，自我的形成是一个“反身性过程”(reflexive project)。吉登斯认为，自我认同是社会与个人相互建构的结果。自我认同是个体在生活实践的过程中，通过与他人及社会进行能动互动，个体通过内在参照系统形成自我反思，使行为与思想逐渐形成并自觉发展成一致的状况。“要成为一个人，不仅仅是做一个自反性的行动者，还要有一种人的观念。”(吉登斯，1991)

格罗斯将一个人的自我概念划分为三个主要部分，即自我意象、自尊和理想化自我(Gross，2005)。自我意象可被看作自我的描述性部分，它包括对自我各方面的感知，如外形、成就、个性特点、角色和关系；自尊是对自身的评估部分，是我们对自己的感受；理想化自我则由我们对自身的期望组成。今天，互联网以各种各样的形式嵌入了青少年的生活，在线世界成为青少年成长和发展的一个重要场所。对于生活在今天的青少年来说，自我认同的探索和建构，不仅发生在现实生活中，也发生于在线世界中。在 Subrahmanyam(2008)看来，青少年的自我认同源自离线自我和在线自我，青少年对自我认同的探索可以发生在离线世界和在线世界。由于网络环境具有匿名性、即时性，同时又不受时空限制，青少年“可以强化和建立比实际生活中更令人满意的自我形象，积极发展信息和知识，以便为更好地现实做准备”，换言之，互联网为青少年“理想化自我”的建构提供了一个更广阔的空间。

自我呈现(self-presentation)是一种个体向他人展现自我不同方面并收到相应反馈的过程，是青少年在网络空间进行自我探索和建构的重要方式。欧文·戈夫曼(Erving Goffman)(1959)强调，自我观念可以被视为经由自我呈现发展得出。戈夫曼用“表演”来描述自我呈现的行为，他写道：“生活本身就是一种戏剧化的展现。当然，并非全世界都是一个舞台，但问题的关键之处在于不易指定哪些不是……总之，我们所有人表演得都比自己以为的更好”。他将自我呈现分为“表达”和“流露”两种类型。前者包括各种词语符号或它们的替代物，使用这种方式公认地、仅仅只是用来传达附在这些符号上的人所周知的信息。后者包括被他人视为行为者的某种征兆的范围广泛的行动，预示着表现出来的行动是由某些原因导致的，这些原因与以这种方式传达出来的信息是不同的。戈夫曼进一步指出，“印象管理”(impression management)是一种自我呈现的策略，当个人在社会环境中向他人展示自己时，某些方面会被特别突出，另一些方面则会被有意隐藏。在戈夫曼看来，为了符合沟通情境和角色期望，人们在自我呈现时会刻意表现出符合情境的行为，表现出符合他人期待的形象。

Boyd 和 Ellison(2008)将社交网站(SNS)定义为基于 Web 的服务，它可以提供给用户三个核心功能：①在有边界的社交网络系统内，用户可以建立公开或半公开的个人档案；②能够清晰显现与用户有关联的其他用户列表；③可以查看(view)和遍历(traverse)用户在该系统内的所有联系人。Marwick 和 Boyd 的研究指出，社交媒体用户通过媒介所提供的线索及当前的社交文本来想象接收端的观众，以帮助其进行线上的自我呈现。一方面，社交媒体构成了人们互联网生活中的“舞台”。另一方面，人们在使用社交媒体的过程中，能通过对观看者的判断与“想象”，选择公开发布某些信息来展现自己。这一现象被称为“在线自我呈现”。Subrahmanyam(2008)认为，在线自我呈现包括用户以不同方式向其他在线用户呈现自我。陶慧娟(2004)将青少年在网络空间中的自我呈现区分为三种基本类型：真实自我的转移、理想自我的呈现、呈现自我在现实中缺乏的一面。

笔者的问卷调查显示，社交媒体被留守儿童广泛使用。在 336 位受访留守儿童中，使用 QQ、微信、微博三款软件的比例相当高，有 63.4%的农村留守儿童使用 QQ，34.4%的农村留守儿童使用微信，11.2%的农村留守儿童使用微博，每周使用社交媒体的占 65.8%，有 31%的农村留守儿童使用社交软件的时间达到了一年以上。此外，新兴的美拍、快手、抖音等短视频社交软件也有不少孩子使用。可以说，随着智能手机和4G网络在农村地区的普及，留守儿童的生活与社交媒体越来越密不可分。如前文所述，由于媒体对留守儿童的“问题化”报道，导致了留守儿童这一群体在公众中的“污名化”和负面刻板印象。且媒体建构的形象与留守儿童的自我认知之间产生了差异和冲突。作为一个被“污名化”的群体，留守儿童迫切需要摆脱偏见与歧视，得到他人的认可和接纳。但处于弱势地位的他们，很难有机会发出自己的声音，因此，他们对于印象管理的需求往往比其他青少年更高。

显然，网络的“技术赋权”给留守儿童提供了更多的自我呈现和表达机会。在网络空间这个新的行动场域中，留守儿童并非被动的信息接收者，他们借助新的信息传播技术，将昵称、头像、个人主页、照片、视频等工具“为我所用”，试图通过采用不同的印象管理策略来呈现自己，建构起“理想化自我”。农村留守儿童是如何在网络空间进行自我呈现的？他们在网络空间中呈现的又是怎样的自我？这是本章想要讨论的问题。

一、身份符号的书写

1. 昵称、头像与性别建构

在个体的自我认同中，性别认同是其中一个重要的内容。“男”“女”之别不仅仅是生物学上的差异，更是社会和文化建构的结果。社会学习理论认为，儿童和青少年通过奖励、惩罚、直接指导和模仿学习性别类型行为，习得有关性别的知识、态度和价值，从而形成性别角色的行为模式。在进入青春期之前，传统的性别角色和概念已经通过父母、学校、同伴群体、大众媒体等传授给青少年。网络时代的青少年则将建构性别认同的实践从现实世界延伸到了网络空间。

青少年进入网络世界，首先需要一个昵称，即网名。昵称是青少年在网络世界中的“代号”，它们对青少年在网络世界中使他人形成对自己的“第一印象”非常重要。昵称可能传达关于用户性别、身份等方面的信息，这与他们的自我认同有直接关联。Subrahmanyam(2006)和她的研究团队在对青少年在线聊天室的研究中发现，在网络聊天室中，48%的女性的自我描述使用了女性化的昵称，而32%的男性的自我描述使用了男性化的昵称。

在社交媒体中，留守儿童借助昵称来表达自己、展示自己，对自己的性别角色进行一种描述或暗示。留守女童的昵称更倾向于表达温柔、清纯、易伤感的女性特质。如F13的QQ昵称叫"溪颜"，她认为"有一种说不出来的文艺范儿"。F7的QQ昵称叫"回忆总想哭"，她说是因为"回忆起小时候的一些事情比较伤感"。

留守男童的昵称则表现出粗犷、调皮的男性特质，如"取个Q名真难""逃出太阳系"等。他们还喜欢在昵称中使用英文单词或字母、符号等，如M14的网名叫"灵free……鹿"，他解释说，"虽然知道这个英文单词的意义，但是取名的时候没有想太多，只是觉得看起来比较'酷炫'"。但是，也有不少男生直接用自己的真实姓名作昵称，对于这种做法，他们有自己不同的解释：

> "网名好难想，直接用自己的名字更方便。"(M6)
> "担心换了名字，怕加别人的时候他们不知道我是谁。"(M12)

相对于昵称而言，头像是表征自我的一种更直观的方式。笔者在访谈和观察中发现，留守儿童都比较偏好使用动漫图片作为头像。留守女童显然更在意自己的头像，愿意在头像上花费更多的心思。她们会使用自己拍摄的花朵等图片作为头像，头像的颜色也比较丰富，展现出女性的柔美气质。"我现在用的头像是前几天去玩拍的一张花海，五颜六色的，什么花都有，觉得好看，就用来做头像了"(F13)。她们还会花时间在网上搜索自己认为"好看"的图片用作头像。

> "头像很重要啊！跟网友聊天时他们又看不见我的样子。我用的是一个动漫头像，我也不知道是什么人物。因为当时用软件找头像，找到了这张，觉得绿色比较清新，这张图片也比较好看，就用了。"(F10)

女生更热衷于更换头像，"每隔一段时间就会换一下头像吧，如果拍了好看的照片就会用来做头像"(F13)，而男生的头像很少更换，"从一开始用QQ就是这个头像，从来没换过”(M15)。

除了使用动漫图片外，男生们还会喜欢用游戏人物作为头像。头像颜色大多是黑白灰，彰显的是一种“高冷”的或有力量的男性气质。M14 的头像是一头白鹿在夜晚流星下的图片，当笔者询问他有没有什么特别的意义时，他说“那是朋友送了我一个 QQSVIP，我换的一个动态头像①，就是觉得很酷也好玩”(M14)。

笔者发现，在社交媒体的使用中，男女留守儿童体现出了泾渭分明的偏好，他们通过昵称、头像等工具，展现自己的性别认同，将性别认同的建构从现实世界延伸到了网络世界。

2. 真实的“我”与假装的“我”

在现实情境下，年龄、性别等身份信息在人们面对面沟通中是显而易见的。在网络空间中，身份信息也同样重要，几乎所有的社交媒体平台，都会要求用户填写性别、年龄、地址等个人资料，青少年可以自己选择是否向他人提供与自我身份有关的信息，以及提供哪些信息。(这里主要是指可以非实名注册的社交媒体)

戈夫曼指出，在大多数分层社会中，都存在着高阶层的理想化以及那些地位低的人向高地位移动的抱负。处于低社会阶层的人们具有“向上流动”的本能，这使得他们在表演时刻意进行“理想化自我”的呈现，以引导他人自愿按照呈现者自己的计划行事。因此，个体在社交媒体上，会通过昵称、职业、地址等相关信息的分享，去呈现自己理想化的一面。Bechar-Israeli(1998)认为，昵称使人们进入身份扮演中，同时由于人们往往长期地使用相同的昵称，所以它们还提供了连续性。黄少华(2009)的研究表明，在网络空间中，青少年借助网名，在隐匿自己的真实身份的同时，通过操控自我呈现，有选择地透露自己的个人信息，从而把自己希望展示而在现实生活中无法展示的自我面貌呈现出来。

在社交媒体上，昵称是传达青少年身份意识的重要符号。受访者 F14 是一名鹿晗的粉丝，她的 QQ 昵称叫“爱鹿”。

“这个昵称是我自己取的，从开始有 QQ 就一直用的这个了。‘爱’是心

① 动态头像是 QQ 会员的一种特权功能。

爱的‘爱’，‘鹿’是鹿晗的‘鹿’，因为我比较喜欢崇拜明星鹿晗，我的同学、朋友中喜欢鹿晗的人很多，没有人会笑话我。”(F14)

受访者 M7 是一个篮球爱好者，他的昵称叫“爱灌篮的少年”。

> “我喜欢打篮球，课间时候如果不做操就会和同学一起打球，平时有时间的话，也会找同学一起打篮球。申请 QQ 时随手起了这个昵称，也没有想过会怎么样。会有一些喜欢打篮球的人加我，可能是看到这个昵称才加的吧。”

尽管社交媒体有不同类型，但均设置了个人资料栏，用户可以填写相关的个人信息。以留守儿童最常使用的社交媒体 QQ 为例，在 QQ 的详细资料栏中，设置了性别、年龄、生日、星座、职业、所在地、故乡等项目，可以选填。笔者在研究中发现，留守儿童在填写用户资料时，会使用一些有创造性的策略，选择性地表露自我的某些方面或进行自我“假装”。

他们往往会隐藏自己的年龄。如在 F7 的资料栏里，性别、生日信息都是真实的，但年龄填写的是“1 岁”。“其实以前填的是 4 岁，……后来又改了(笑)”(F7)。

> “我在上面的年龄好像是 100 吧，很喜欢这个数字，觉得上 3 位数……反正就是很喜欢这个数字。好像只有一个是真实的，就是家是在贵州。从来没有传过自己的照片，反正我不想让他们知道自己的信息。也说不出来是为什么，可能就是模仿别人吧。我们班差不多有一半的人都是假的信息，因为有时候别人看着它也猜不出你，就觉得有一点滑稽，假得很夸张就有点搞笑。”(F13)

个人地址也常常被用于“假装”，可能与亲子分离给留守儿童带来的焦虑有关。如 M10 的 QQ 地址填写的是千里之外的浙江宁波，他告诉笔者，那是爸爸妈妈工作的地方。把自己的资料填成浙江宁波，会让自己“感觉上和爸爸妈妈距离更近一些”。

也可能跟地域身份认同有关。F10 的地址填写的是“中国”，没有填写具体的地区或城市。她对此给出了自己的解释。

> “以前的所在地填了故乡，是四川绵阳，因为我老家是四川绵阳，我爷爷他们是搬迁到这边来的。但是会有很多人莫名其妙来加我，说自己是四川绵阳的，还问‘老乡，你是四川绵阳哪里的？我来找你玩’我就觉得很烦，然后我说我不是，我是贵州的。就有很多人说我骗人，所以后来就改成‘中国’了。”(F10)

至于为什么不填写自己的真实地址，F10 说“说不好为什么，反正就是不想让别人知道”。

利文斯通认为，不应该将个体在社交网站中对自己的介绍简单地认为是他们的个人信息，对社交网站的使用者来说，他们在同龄人中的社会网络中的地位比他们所提供的个人信息更重要。社交网站用户所呈现的个人信息是一种对自我地位的建构而不是自画像似的自我呈现(雷雳，2012：208)。留守儿童们在社交媒体个人资料中填写的信息，并不是无意义的，这些信息无论真实与否，都提供了与身份有关的线索，是另一种方式的自我呈现。

二、理想自我的展现

吉登斯(1998)认为，“理想自我”就是“我想成为的自我”，它是“自我认同的核心部分，因为它塑造了使自我认同的叙事得以展开的理想抱负的表达渠道”。戈夫曼指出，个体在特定的场景中向他人呈现他自己时，就像表演者在舞台上一样，倾向于展现符合他人期待的角色形象。这使得他们的表演会凸显“理想化”的一面，而将那些不符合理想化的形象的，甚至可能会破坏这种形象的行为隐藏起来。正如查尔斯·霍顿·库利在《人类本性与社会秩序》中写道：

> 如果我们从未试过更好地表现我们自己，我们怎么能改善自己或是“由

表及里地培养自己”呢？向世界展示我们自己更好的或理想的一面的那种普遍冲动，在各种职业和阶层中都有着井然有序的表现形式，各种职业和阶层各自都存在着某种程度的虚饰和伪装，虽然大多数情况下其成员对此并无意识，但是它们却具有某种阴谋策划的效果，使世人对此信以为真。不仅有神学和慈善业的伪饰，而且还有法律、医学、教育，甚至是科学的伪饰——也许科学的伪饰更甚，既然眼下越有特殊价值的东西越能够得到承认和赏识，那么也就会有越来越多的无价值的东西来假冒它。①

在使用社交媒体时，留守儿童们运用文字、图片等工具，进行自我展示和自我表达。QQ 空间(Qzone)是国内较大的社交网络之一，其功能类似于个人主页，它是以即时通信服务为主的 QQ 发展出来的社交功能附属产品。根据腾讯 2015 年发布的相关数据，QQ 空间月活跃用户达到 6.53 亿，其中 1995 年以后出生的青少年用户占 32%。与微信的熟人朋友圈不同，QQ 空间是一个相对开放的广场。通过使用 QQ 空间的日志、相册等功能，青少年可以写日记、发布照片、视频、音频等，表达自己的生活感悟，分享生活中的点滴。由于功能丰富，使用方便，QQ 空间得到了留守儿童的青睐，成为他们最经常使用的社交网站。在 QQ 空间中，留守儿童发布的内容可以长期保留和回顾，同时，还可以通过与他人的互动反馈对自我进行反思和重塑。可以说，QQ 空间是他们在线自我建构和自我呈现的重要场所。

在征得访谈对象同意的前提下，笔者将部分受访留守儿童添加为 QQ 好友，对他们的 QQ 空间进行了访问和浏览。观察中，笔者发现，大多数留守儿童的 QQ 空间都进行了美化和装扮，个别家庭经济条件较好的留守儿童还开通了 QQ 会员、黄钻贵族②等功能。他们在 QQ 空间通过发布文本、图片、视频等展示自己的生活，“一般会写写今天发生什么事，或有什么好玩的事跟同学分享一下”(F5)。展示的形式以图片为主，内容主要有自拍、日常生活、旅行经历、情感表达、搞笑段子等几类。

① 查尔斯·霍顿·库利. 人类本性与社会秩序[M]. 包凡一，王湲，译. 北京：华夏出版社，2007.

② QQ 会员、黄钻贵族是 QQ 和 QQ 空间的付费项目，用户购买后能享有某种特权。

1. 晒自拍："理想我"的图像表达

自拍是青少年当中的一种流行文化现象，也是一种新的自我建构方式。"晒"即呈现，是指人们通过在社交媒体中发布照片、视频、文字等展示自己的日常生活。QQ空间是留守儿童"晒"行为的一个重要平台。在对留守儿童QQ空间的观察中，笔者发现，"自拍"是留守儿童在社交媒体中"晒"的主要内容之一。而活跃于QQ空间的"自拍族"大多是留守女童，她们乐于在网上发布自己的自拍照片，使用图像话语表达自我。

彭兰(2018)认为，自拍作为表演或印象管理的一种方式，既能传达自拍者对自我形象塑造的意愿，也在通过别人对自拍照的评价，在与他人的关系(包括群体的关系)中，评估自我及其社会关系。出于对外表和外貌的重视，留守女童在发布照片之前是很"慎重"的，不仅会经过认真挑选，还会使用通过新的技术手段，如"美图秀秀"等图片编辑软件，对照片进行精心的剪裁和美化，以期通过"晒自拍"，呈现一个比现实生活中更"完美"的自我形象。F12的空间里几天前才发布了一组学校毕业晚会时跟同学拍的照片，有自拍，也有别人帮拍的。这一组照片，都使用图片编辑软件给人脸加上了小猫胡子、耳朵等装饰。

"我很少发自己的照片，如果发的话，一般都会用美图秀秀先P一下，因为P完图后人会更好看一些(羞涩地笑)。加上小猫胡子的话会很萌很好玩。"(F12)

自拍反映的是个体的自我建构过程，"自拍"虽然是自己拍自己，却并非只是拍给自己看，与他人的互动在这一过程中十分重要。如受访者F1的空间里有不少自拍照片，这些照片大多是仰角拍摄的大头照，照片中的F1化过妆，皮肤白皙、下巴尖尖，看得出这些照片是使用软件精心修饰和美化过的。

"放假的时候喜欢在家用美颜相机自拍，自己觉得好看的才会放上去，有时候还会放和闺蜜一起照的，可能是因为我经常会很自恋吧(笑)。发完之后朋友们一般会夸还可以、很好看之类的话。然后自己就很开心。"(F1)

通过在空间发布自拍照片，留守儿童不仅能够塑造理想中的自我形象，引起同伴的注意，同时还能从他人的评价中获取自信。在彭兰看来，自拍及晒自拍照的行为，是个体自我、关系自我和集体自我这“三重自我”相互关照、相互博弈的过程。人们首先通过自拍来塑造“个体自我”，然后在社交平台中，通过晒自拍照来进行“关系自我”或“集体自我”的构建，寻求获得对“关系自我”和“集体自我”的积极回馈。但是，社交平台中亲密关系和其他社会关系的反馈，未必总是对自拍者的肯定。过多的“晒自拍”，可能会导致他人的反感，有时候可能引起负面的评价。当遭遇负面评价时，个体往往会采取一定的调整行为，例如删除自拍照或减少发自拍照的频率、更加谨慎地选择照片等，来改善自我形象。

“以前也发过自己的照片，现在不怎么发了。可能有几次有一些不好的留言觉得有些‘伤’了。因为本来自己长得也不漂亮，后来就觉得发照片这种行为感觉好‘作’哦(笑)。”(F10)

也并非所有的留守儿童都喜欢“晒自拍”。一些留守儿童由于对自我形象的认知并不清晰，对自己的外貌不够自信，再加上受到身份“污名”的影响，容易产生自卑心理，导致其在自我呈现中的“胆怯”与“防范”，继而引发消极的“自我否定”，在“理想我”与“现实我”之间形成较大的差距。于是，他们并不愿意在网络上发布自己的照片。如 M2 在访谈中说道：

“我一般不会在朋友圈放自己的自拍照，感觉自己长得太丑了。”

2. 晒生活：“城里人”的自我想象

社交媒体具有鼓励自我表露的天然机制，用户可以通过多种方式展示自己的生活，如外出旅行、和朋友的聚会、就餐等私人生活信息构成了“朋友圈”最常见的内容。根据笔者的观察，在留守儿童的 QQ 空间中，吃、穿、住、行等个人化的日常生活内容占据了相当大的比例。但值得注意的是，留守儿童大部分时间生活在农村，但他们的空间里很少出现与农村生活有关的记录。

戈夫曼认为，“当个体在他人面前呈现自己时，他的表演总是倾向于迎合并体现哪些在社会中得到证实承认的价值”。亨利·泰弗尔(Henri Taifel)和约翰·特纳(John Turner)将社会认同界定为“个体自我概念的一部分，源自他的特定知识，这种知识涉及一个社会群体(或多个社会群体)的成员资格以及与之相连的价值和情感意义”。依据这一定义，社会认同涉及两个方面，一是个体意识到自己归属于某个社会群体，二是对某个群体的情感归属。从观察和访谈的内容中，我们发现：大多数留守儿童虽然生在农村长在农村，但城市与农村在硬件设施、生活条件等方面的差距，使得他们向往城市生活。尤其是来到父母工作的现代化城市后，他们接触了许多新鲜事物，更加直观地体会到乡土的贫瘠和落后，更倾向于认同“城里人”的生活方式与品位。

由于父母不在身边，家庭经济条件也并不富裕，留守儿童进入城市、认识城市的机会并不多。在访谈中，笔者了解到，留守儿童能够进入城市一般有三种情况：一是年幼时曾经随打工父母在城里生活过一段时间；二是有住在城市的亲戚，逢年过节时去亲戚家玩；三是寒暑假的时候，父母将其接到自己打工的城市游玩。尽管他们在城市生活的时间很短，对城市生活的体验也非常有限，但是城市美食、美景等仍然成为他们乐意在社交媒体中分享的内容。

M10的父母在浙江宁波务工，前一年暑假，M10第一次去了宁波。除了在宁波当地游玩之外，父母还带他到周边的南京玩了一趟。那段时间，他在空间里分享了好几组照片，画面有公园、城市建筑、博物馆，等等。

“城市跟自己平时生活的地方不一样，有好多好吃的好玩的，南京的那些高楼好漂亮，比县城好太多了，所以就拍了照片发在空间里给朋友们看看。”(M10)

M3的父母在贵阳打工，因为不是太远，所以M3去过好几次贵阳。

“不经常发动态，但是如果去贵阳，去一些景点玩的时候都会发。发的是自己拍的比较喜欢的照片，都是一些风景照，我觉得它们很美很好看，就想传到空间相册里跟好友分享。”(M3)

F7虽然没有去过父母打工的城市，但是她的亲戚在节假日时偶尔会带她去县城附近游玩。

> “我比较喜欢在空间里面发一些风景照，还有去县城玩时拍得好看的好吃的这些自己心仪的东西。”(F7)

对孩子们来说，在短暂的城市体验中，他们无法深入地了解城市和“城里人”，只能触及高楼大厦、公园、广场、美食等城市的表象，这些与过去在电视、电影上看到的城市景观一起，构成了他们对城市的认知框架，并呈现在他们的空间和朋友圈里。

朱迪斯·巴特勒(1999)强调了日常表演在建构个体身份方面的重要性。她认为身份的建构和维持是一种“意指实践”，一种在其执行过程中要求借助如语言、非语言符号和商品等文化工具的实践。认同不仅是社会结构的产物，也可以成为个人的选择与行动。换句话说，个体在建构身份认同时，并非只是被动接收社会赋予的群体身份，也可以通过实践主动建构。在现实生活与对城市生活的美好想象之间，留守儿童通过不断地“表演”，试图去缩小“现实我”与“理想我”的差距，在这一过程中，社交媒体扮演了较为重要的角色。

在现实层面，留守儿童能够认知到自己“农村人”的身份，但在情感层面，他们对城里人的生活充满羡慕和向往。可以说，“城里人”是他们期待的身份认同。在社交媒体上，留守儿童不仅呈现城市的新鲜事物及城市化的生活方式，努力让自己塑造出来的自我形象与“城里人”接近。在留守儿童的QQ空间里，带有城市中产阶级生活方式印记的生日聚会、休闲旅游等内容出现的频率较高，而乡村日常生活却被“遮蔽”了。

三、多重自我的叙事

吉登斯(1998)认为，人的身份不是在行为中或对他人的回应中被发现，而是在使特别叙事进行下去的能力中，叙事能使我们意识到我们自己。清晰地构建这样一个叙事需要持续的自我传播。在后现代社会，个体生活在一个多元化的世界里，他们不得不在许多不同的发展环境之间移动，呈现出许多不同的角色。在他们这样做的时候，往往要协商不同的行为期望。因此，自我身份是多重的，而不是单一的。自我认同是一个持续和动态的过程，永远不会“完全确立”，它是一个发生在多重自我背景下的叙事过程(McAdams，1993)。

根据 McAdams 的观点，处于青少年时期的个体会建构关于自我的叙事或动态的内部生活故事，而这些故事形成了他们自我认同的基础。新媒体的技术赋权，使得处于社会边缘位置的留守儿童从被书写的“他者”变为主动的传播者成为可能，社交媒体成为他们自我叙事的重要空间。

1. 风格展现：非主流的话语实践

波普诺(2007)指出：“当一个社会的某一群体形成一种既包括主文化的某些特征，又包括一些其他群体所不具备的文化要素的生活方式时，这种群体文化被称为亚文化。”青少年亚文化是青少年群体自我构建的有别于主流文化的思想意识、价值观念、生活方式和行为范式。英国伯明翰学派关于青年亚文化的研究认为，青年亚文化是对主流文化的一种“仪式抵抗”。霍尔与沃内尔(1964)在描述亚文化抵抗时写道：“青少年形成了特别的风格(特殊的交谈方式，在特别的地方以特别的方式跳舞，以特殊的方式打扮自己，和成人世界保持一定的距离)……用来表达某些当代观念，例如离经叛道、具有反抗精神的强大社会潮流。”过去，着装风格被用来表征青少年亚文化与主流文化的差异，如穿着皮革短裤，佩戴刀片耳环等。与过去的青年亚文化相比，当代的青少年亚文化更多地表现为互联网中的话语实践。青少年可以采用一系列亚文化话语来构建“风格”。话语成为表达个体身份的重要工具，在当代青少年自我认同的行程中发挥了关键作用。

在主流文化的世界里，留守儿童群体是低话语权且边缘化的。从前文的分析中，我们发现，留守儿童的自我认知与大众传媒建构的留守儿童形象之间存在较大差异，“污名”可能会导致留守儿童心理的不适，引发其自卑感和无力感。互联网“去中心化”的特性使得社交媒体成为留守儿童传播与实践青年亚文化的新空间。在 QQ 空间、微信朋友圈等属于自己的一方天地里，他们可以摆脱社会结构予以他们的既定框架，以及传统权威家长和老师的压制和束缚，自由地表达自我，展现自己的“风格”。笔者对部分留守儿童QQ空间进行观察后发现，他们发布的大部分内容都是转载网络上的搞笑段子，或一些“搞怪”的图片、视频，采取“拼贴”“搞怪”等方式，通过与主流话语的互文性，对主流文化进行反讽和戏谑，呈现出“非主流”取向。

F10是他们当中的一位“QQ空间达人”，她开通了QQ超级会员、QQ空间黄钻贵族(豪华版)等付费功能。她使用QQ空间的时间有三年多，会定期更新“说说”①。根据笔者的观察，从2015年2月到2018年3月间，F10的QQ空间总共发布了247张图片、57条说说，这些内容大多带有较为明显的青少年亚文化特征。

比如F10在2016年5月发布的一条说说，用两张动物图片戏仿“班主任”与“学生”的表情与眼神，以幽默、戏谑的手法来表达自己对师生关系的认知。图片和文字分开来看，并没有特别的意义，但图片与文字的组合却产生了一种让人忍俊不禁的“滑稽感”，创造出新的意义空间，并以此完成对“班主任”这一现实生活中权威的反抗。

① 说说是QQ空间的一种功能，用以发布简短的图文，类似微博。

还有一类是利用PS技术手段对原始图片进行剪辑、组合的“恶搞”文本。比如F10在2017年3月发布的一条说说，内容是三张人在厨房菜盆里洗猫的PS图片组合，以搞笑的对白讲述了一个“人吃猫”的故事。这类“符号游戏”，既体现了青少年网民的娱乐精神，又表达了一种对成人饮食文化的反讽。文字戏仿“猫”的语气，使用时下网络流行语言与人类对话，以达到荒诞的效果，博人一笑。

赫伯迪格(2009)在《亚文化：风格的意义》中将“拼贴风格”看成是青年亚文化风格建构的重要手段，他援引克拉克的话，强调了拼贴者的反抗意义：“当拼贴者使用相同的符号体系，再次将不同形式中的表意物体定位于那一套话语的不同位置中，或当这个物体被安置在另外一套不同的集合中，一种新的话语形式就形成了，同时传递出一种不同的信息。”风格不是固定的，而是被建构的。例如，受访者F10在讲述自己为什么比较喜欢发一些“搞笑”“搞怪”的内容时就表示自己是有意为之。

“可能是因为觉得要跟别人走不一样的风格吧，自己本来就属于‘逗比’的类型，平时在生活中也比较搞笑。”(F10)

F10在这里使用了一个网络词汇“逗比”。简单地说，就是说某个人很逗，有点犯二犯傻，有点可爱。

法农(2009)在阐释少数族裔群体亚文化行为时说：“亚文化成员在看待我们

对从属文化进行同情式解读时，他们表现出来的冷漠和蔑视，类似于他们看待法庭与媒体把敌意的标签强加于他们身上时候的表现。”在网络空间中，留守儿童创造了一个属于他们自己的世界，他们将社交媒体作为表达自我风格的场所，既实现了对主流文化的“颠覆”与“抵抗”，又获得了解放的快感和愉悦。

2. 情感表露：跨越“前台”“后台”的界限

自我表露（self-disclosure）是个体对他人表达情感、想法与观点的窗口。Delerga 和 Margulis（1994）把自我表露分为两种类型：描述性自我表露和评价性自我表露。描述性自我表露主要指对事实性信息的表露，包括有关个人的思想、经历等；评价性自我表露指个人对自己的感受、评价或判断的自我表露，包括自我评价、内心感受等。Jourard（1971）认为自我表露有助于个体获得自我认同。一个从不对重要他人表露自己重要信息的个体无法从他人那里得到反馈和建议，不表露者无法全面地认识和了解自己，不仅他人无法了解他的需要和感受，他自己也无法知道自己真正的需要和感受。通过自我表露，人们在与他人分享信息时会引出他人对自己的反馈，因此通过自我表露个体可对自己有新的更深入的认识。

戈夫曼（1959）将个体的行为场景划分为“前台区域”与“后台区域”。“前台区域”是个体进行特定角色表演的场所，在“前台”，个体的举止和外表都必须“体面”，即符合社会对这一角色的期待。而在“后台区域”，表演者是放松的，那些可能会破坏观众期待中形象的事实可能会在“后台”被凸显。“前台区域”与“后台区域”必须划分清晰，甚至隔绝开来，这是确保个体“印象管理”成功的关键。梅洛维茨（1985）认为，媒介能够通过改变社会场景影响人们的态度和行为。电子媒介整合了信息系统，“打破了物理空间和社会场景的传统关系”，将个人场景与公共场景融合。在某种意义上，网络空间正是一种新的信息传播技术营造的混合场景，在这一新的场景中，用户出于维持人际联系或者满足个人需求的目的，通过各种不同的信息形式将在线生产的内容传递给社交媒体上的其他用户（Vitak，2012），其自我表露的深度和广度都远超过现实生活，使得“前台区域”和“后台区域”之间的界限日益模糊。

情感表露是社交媒体中自我表露的重要内容之一。以往学者的研究发现，相比现实生活中，个体更容易在社交网站中表露情感信息（Christofides，E.，Muise，

A. & Desmarais, S., 2009)。社交媒体的状态更新能让个体通过简短的文本、照片或视频来公开表露自己的感受。QQ 空间的“说说”主要就是利用状态更新进行信息传播。笔者在留守儿童的 QQ 空间观察到，个体情绪体验的表达是留守儿童网络自我表露中比较普遍的现象，这种表露可以既可以是语言形式的文字，也可以是非语言形式的表情包、图片、视频等。

对于留守儿童来说，发布状态的主要目的是为了表达某种情绪，这其中既包括积极情绪的表达，又包括消极情绪的宣泄。“心情特别好的时候会发状态，心情很烦的时候也会发”(F10)。我们的研究发现，相较于积极情绪的表露，留守儿童在 QQ 空间中更可能表露消极情绪。比如：

“每个人的幸福不同，为何要求自己得到别人的幸福?”(M11)
“很想问当初为什么没有好好对待自己。”(F7)
“肯定没人记得我了吧? 但我还是想说，今天是我的生日。”(F13)
“英语考砸了，怎么办?”(M8)

埃里克森(1980)认为，恋爱关系是自我认同探索的一个必需要素。但在国内，中学生恋爱被称为“早恋”，是不被家庭和学校允许的。以往一些国外学者认为，由于个人博客是公开的，青少年在博客中回避了一些敏感话题，他们的博客中很少出现浪漫、性的问题和行为等主题的内容(K. Subrahmanyam, E. C. Garcia, S. L. Harsono, J. Li, & L. Lipana, 2009)。但笔者在对留守儿童 QQ 空间的观察中发现，一些留守儿童会在空间中主动表达异性间的亲密情感或浪漫关系。这既是真实情感的流露，也是他们自我意识增强、比同龄人早熟的表现。

八年级的 M10 今年 14 岁，他的空间置顶心情状态是“有了她就够了……”，表达了年少的他对亲密情感的感悟。他的空间里有一条发表于 2017 年 10 月的图文，总共 6 张照片，是一个女孩过生日，朋友聚会的场面。根据下面的留言和评论来判断，应该是他“女朋友”的生日聚会。

M13 的空间里也有许多关于感情方面的“说说”。当笔者询问：“你有自己喜欢的人吗? 你不担心，自己发的东西被她看到了吗?”他有些不好意思地说：

“嗯，有悄悄喜欢的人。QQ 好友都是关系很好的，他们不会乱讲的。”

3. 身体展演：从“看客”到“拍客”

身体是自我的一个重要成分。如果说在单向传播的媒介环境中，“观看”是受众的主要行为，那么，在新媒介环境下，“展演”成为受众的核心行为，身体为以计算机为中介的交流提供了一个自我认同建构的创造性平台(Vasalou A, Joinson A N, 2009)。Abercrombie 与 Longhurst(1998)提出的观展/展演理论指出，作为扩散的受众，同时是受众与表演者。不仅将阅听人视为社会建构的产物，而是更重视阅听人的媒介消费行为所展现的自我形象的探索与建构。

短视频应用是近年来兴起的一种应用类型。用户在手机等移动终端使用这类应用，可以快速地拍摄视频，并对视频进行编辑、美化、上传、发布，这类应用同时还具备社交属性。在目前的国内移动端短视频应用市场上，美拍、秒拍、快手、抖音等几款是较为流行的应用。拥有自己的短视频 App 账号，在农村留守儿童当中成为一种时尚的表征。短视频应用上的视频五花八门，内容十分丰富，作为“看客”的他们，很多时候是出于娱乐消遣以及信息获取的需要观看小视频。

“经常在快手上看好看的、搞笑的小视频，有时候看一些化妆的小视频，我自己也会化一点。我还会在上面看鹿晗的小视频。”(F1)

“比较爱用快手，还有火山小视频。快手上面拍的一些视频可以让我了解外面。我一般喜欢看风景的视频，还有自己动手做东西的视频。比如说自己动手用钢铁造了一个车这样的。看一些搞笑的小视频可以放松心情，还有上面有一些视频教打球的技巧，比如说投 3 分球应该怎么投才更容易进。”(M10)

由于视频制作的流程比较复杂，过去普通受众既没有专业设备又不掌握相应的技术，要想生产自己的视频作品无疑是一件非常困难的事。但有了智能手机和短视频应用软件后，这些问题迎刃而解。首先，手机短视频应用软件都有相应的模板，操作比较简单，入门很快；其次，一个短视频作品往往不到一分钟，甚至只有 10 秒钟，从录制到编辑、发布，快的话只需要几分钟时间，流量消耗不高，使用成本较低。于是，在使用短视频软件的过程中，留守儿童们开始不满足于仅仅作为一个被动的“看客”，他们当中的一些人开始主动参与内容生产，创作并传播自己的短视频作品。

米德(1934)认为，自我形成的过程是一个社会的过程，在这一过程中，个体需要借助他人的经验和态度来形成对自身的态度。对于处于探索自我认同阶段的留守儿童来说，他们迫切需要得到他人关注和认同。身体被视为个体向他人展现自我的重要媒介。短视频平台给了留守儿童“拍客”更多的机会去展示自己的身体、才华和创意，以博取同伴及他人的关注与认同。

> “现在最流行的是抖音啊，网上这么火，怎么会不知道。我和我姐一起拍了一些作品，都是搞笑的。我还在上面发一些自己唱歌的视频”。(F12)

M10 是一位篮球爱好者，他发布的视频大多跟自己的运动爱好有关。

> “上次在快手发了一个我自己拍的，站在乒乓球台上灌篮的，特别好玩，有好多人看。”(M10)

根据卡尔·罗杰斯(Carl Rogers)(1961)的观点，个体对他人的积极关注和自我的积极关注都有一种强烈的需求(对他人认可的价值条件的内化)，因而会对行为选择产生重要影响。通过创作和传播这些富有生活气息的短视频作品，留守儿童们既体验到了创作的快感，又在枯燥的日常生活中制造乐趣。相对于短视频平台而言，视频直播能够更充分地展示自己。留守儿童把视频直播作为一种娱乐，更是展演与炫示，一种吸引他人关注的方式。

> “我开过直播的，还是和我家公公①们一起开的。用的微信上的那个直播，直播就是唱歌，聊天那些，我觉得挺好耍的。我负责表演，他们负责和他们聊天。有时间的话，还是愿意继续再做直播的，看的人还是比较多的。

① 贵州方言中“公公”即爷爷。

唱歌跳舞都要，我专门去我妈妈那边学习了跳舞的。”(F12)

在网络短视频平台中，留守儿童既是观看者，又是“表演者”，他们凭借新媒体技术，通过视频内容的生产与传播，尽情地展现自己，获得个体自我实现倾向的潜能。

四、表露策略与隐私管理

具体来说，社交媒体上的自我表露可以是语言形式的（聊天信息、评论、状态更新)，也可以是非语言形式的(位置共享、共享照片、视频、新闻或者链接)。大量研究表明，由于互联网的匿名性和去抑制性，人们在网络中表露的水平高于在现实环境中的水平，这在青少年身上尤其明显。在媒体报道中，青少年较容易在网络行为中泄露个人隐私，并因此遭遇网络欺凌或其他问题。Barnes(2006)研究发现，社交网站使用者一方面担心隐私被泄露，另一方面又愿意在社交媒体上表露个人信息。这种既担心隐私泄露却又自我表露的态度与行为上的差异，被称为“隐私矛盾”。实际上，已经有越来越多的青少年意识到网络活动的潜在风险并通过限制信息披露和采取其他类似的措施来保护自己，对表露什么和对谁表露作出谨慎选择。由于留守儿童独特的生活处境，他们较为敏感和早熟，有较强的自我保护意识，通过媒介和同辈群体，他们主动学习了网络个人隐私保护的相关知识，并将这些知识运用到网络实践中。他们如何保护自己的隐私？如何平衡自我表露与隐私保护之间的关系呢？

通过深度访谈，笔者发现留守儿童采取的网络隐私管理行为主要有两类。

一类是策略性地表露内容。在填写个人资料时，受访者表示会对信息进行权衡，有意识地填写一部分真实的信息和一部分错误的信息。

“我在QQ上面只有年龄是真实的，其他的那些资料都是假的，都是我乱填的。我感觉不想放那么多东西到上面，觉得这样不好。”(M11)

另一类是控制表露对象。即向不同的网络好友群体表露不同信息。主要有两种做法，一是利用社交软件的分组功能，给网络好友分成不同的组别，将一些信息设置为仅某些关系亲密的好友可见。例如受访者 M13 将 QQ 空间设置为仅好友可见，F6 将上传的相册都设置为仅自己可见。二是注册使用多个社交软件账号，使用不同的账号与不同的网络好友群体联系。例如受访者 F9 就使用了两个 QQ 号码，即“大号”“小号”。

“我自己的 QQ 里填的是真的信息，这个 QQ 里面全部都是亲人。我有一个小号，里面填的信息是假的。小号里面是在网上，有时候为了娱乐一下，就会和别人(陌生人)聊天，我感觉如果用同一个号的话，那里面又有亲人、同学，又有陌生的人，我总觉得这样可能会不安全，可能是自己有一种防范意识吧。其实小号里面的信息也不全是假的，比如生日就是真的。”(F9)

根据社会渗透理论，自我表露的深度和广度随着关系的加深而拓展。人们通常会根据关系的亲密程度判断哪些内容可以表露，哪些内容可以隐瞒。多位受访者表示，会把社交媒体中的好友分为亲人、朋友、同学等几个组来管理，针对不同的组设置隐私权限。例如受访者 F5 就提到，在发布自己和家人的照片时会谨慎地选择分享的群体。

“我会单独把自己的照片发给亲人们看，但不会发在空间里让所有人都看见。平时在空间里公开发的话，一般是发一些网上的搞笑的图片，不会发自己和家人的照片。我觉得这样不太安全。”(F5)

无论采取何种隐私管理方式，他们的理由都是“担心会不安全”。由于学校并没有开设相关的媒介素养课程，他们对个人网络隐私保护的认知大部分来源于网络，例如受访者 F9 提到，“因为我在网上看到过，如果被别人侵犯了一些信息的话会不安全”。F10 在访谈中讲述了这样一个故事：

“我看过一个新闻，是一个女孩，也是一个留守儿童。那个新闻里没说她多大年纪，但感觉年纪应该跟我差不多。就是留守儿童一个人在家中，父母在外面打工，她跟网友见面，被别人用什么手段诱奸了，最后被杀了。我觉得好可怕哦，我觉得留守儿童为什么变成这个样子，多少都有父母不在身边的原因，父母没有好好管教，没有告诫她。有可能告诫了，但父母没在身边管制她。另外一个想法，就觉得网络世界还是不要轻易相信，太可怕了。”

本章小结

网络既隔离又连接的特性，使得个体在网络上呈现出来的自我，“往往是自己所期待的，但在真实世界受到既有生命历程以及其社会关系所羁绊而无法如愿的那一个面向的我”(黄厚铭，2002)。

受到其成长的特殊社会文化环境的影响，留守儿童的自我认同存在一定的模糊性和自我矛盾性。在网络空间里，留守儿童通过主动的网络实践，使用昵称、头像、个人主页、照片、视频等自我呈现的“工具”，根据自己的兴趣和偏好，重新书写自我身份。他们通过精心选择呈现的内容实施“印象管理”，在网络空间中建构了一个不同于现实世界中自我的“理想自我”。同时，他们还通过在网络空间中的亚文化实践，情感表露及“身体展演”，释放在现实中长期受到压抑的自我，获得解放的快感，同时，也在一定程度上实现了对主流话语的抵抗。这有助于他们摆脱刻板印象的消极影响，巩固自我意识，积极地探索和逐渐建构自我认同。

第七章　缺场的“在场”：留守儿童的网络人际互动

青少年的自我认同是在人际交往中形成和发展的。米德(1934)指出，“个体经验到他的自我本身，并非直接地经验，而是间接地经验，是从同一社会群体其他个体成员的特定观点，或从他所属的整个社会群体的一般观点来看待他的自我的……他自由通过在他及其他个体所参与的社会环境或经验行为背景中对他自己采取其他个体的态度才能成为他自己的一个对象”。个体与他人的互动是自我身份形成过程中的关键因素之一，“自我认同是经由自我探索和他人的亲密关系的联结过程而协商出来的”(吉登斯，1991)。也就是说，个体的自我认同与人际交往密切相关。

互联网和移动电话的出现，是人类通信技术的一次革命，也带来了人际交往的一场革命。互联网和移动电话不仅打破了时间、空间、地域等因素对交往的限制，而且还形塑了一种全新的社会交往模式(黄少华，2009)。今天，人们在互联网上与他人进行各种信息交流和情感沟通。网络交往的形式是多样的，包括：E-mail(电子邮件)、IRC(网上在线聊天室)、BBS(在线论坛)、SNS(社交网络)以及即时通信等。网络交往的双方在根本上遵循现实社会的交往规则，同时更为快捷、方便、隐蔽。通过互联网，人们不仅可以便捷地跟身边的亲朋好友联系，也可以跟远在他乡的熟人进行互动，甚至可以跟素未谋面的人建立友谊。

关于网络对人际交往的影响，主要有两种观点。一种被称为“削弱假说”，这种观点认为，线上的人际交往会取代或削弱线下的人际交往，上网的时间多了，跟家人朋友交流的时间就少了(NH Nie，DS Hillygus & L Erbring，2002)。另一种被称为“促进假说”，这种观点认为网络能够增加人们线上和线下交往的深度和广度(McKenna，K，Y，A.，Green，A. S. & Gleason，M. E. J.，2002)。网络不仅有助于人们维系已有的关系，而且有助于提高原本很少联系或不联系的人之间的交往频率，对于促进人们的现实交往起到了积极的作用。

处于个体社会化关键时期的留守儿童，对社会交往有着强烈的渴望。然而，由于大量农村青壮年进城务工，大规模的人口流动引起农村社会的巨大变迁，造成农村日益“空心化”。现居住在农村的多为留守老人和孩子，亲属、邻里之间的相互沟通和交往日渐减少，社区、集体活动弱化，直接影响了留守儿童的交往环境，使得他们的交往需求在现实生活中往往难以得到满足。随着智能手机的普及，以及中国移动3G、4G网络“村村通”项目的实施，即便是在偏远的西部农村地区，人们也能通过移动互联网与人际关系实现亲密连接，于是，留守儿童转向网络空间中寻求补偿，以满足自己的交往需求。本章将从社交媒体中的人际互动行为入手，分析社交媒体使用对留守儿童社会关系联结与发展所带来的影响，再以此为基础分析不同的人际互动行为对留守儿童自我认同的影响。

一、留守儿童网络人际互动行为概述

随着互联网的快速发展，以网络作为中介的沟通在人们的交往活动中占据了越来越重要的位置。以往关于网络交往的文献虽然数量不少，但对于网络交往的定义并不清晰。孙秀丽(2015)认为，“网络交往是指主体与隐蔽性对象或显性对象借助网络工具而进行的信息交流。”邓泽球、张桂群(2002)将网络交往定义为人际交往的一种，是非正式的、通过电脑屏幕文字为中介的、双向的交往。闫金山(2007)将网络交往区分为广义和狭义两种。广义的网络交往是指“一些与互联网使用行为有关的并且是以信息交换为基础的行为”，而狭义的网络交往则是指“网络人际交往，即在网络空间中进行的人与人之间的相互关心的信息交流，从而实现人与人之间信息、情感等方面的交流，达到相互影响、相互理解，并建立一定的人际关系的目的”。黄少华、陈文江(2002)则将网络交往界定为“一种以‘身体不在场’为基本特征的人际交往，是一场陌生人之间的互动游戏”。

吉登斯(1998)认为现代化是“脱域”(disembeding)的过程。在前现代社会中，人们的社会关系都在特定的地域中发生的，“空间和地点总是一致的，因为对大多数人来说，在大多数情况下，社会生活的空间维度都是受‘在场’(presence)，及地域性活动支配的”。而在以时空分离为特征的现代化社会中，“社会关系从彼此互动的地域性关联中，从通过对不确定的时间的无限穿越而被重构的关联中‘脱离出来’”。可以说，网络交往跨越了时间和空间对人际沟通的限制，重新定义了人们的交往行为。如果说人际互动是人与人之间在社会空间中的沟通与交往过程，那么，网络人际互动就是人与人之间在网络空间中的沟通与交流过程。根据网络空间的特性，网络人际互动既发生于代际，也发生于同伴之间，既包括熟人互动，也包括陌生人互动。人们在互动的过程中，建立、维护并发展了人际关系。

发展理论认为，青少年阶段的发展主要是以增长的性别意识和个体认同需求为标志。根据 Greenfiel(2004)的研究，青少年的发展需求是理解青少年网络交往行为的关键。由于农村的日益“空心化”和父母在生活中的“缺场”，留守儿童与外界的交往联系减少，生活圈子窄化，社会交往的心理需求和情感需求难以得到满足。于是，“孤独”的他们转向网络空间寻求补偿。对于留守儿童来说，拥有一部能够连接 4G 网络的智能手机，就意味着自己拥有一个随时能和他人沟通的渠道。笔者的调查显示，50%的农村留守儿童拥有自己的手机，62.8%的农村留守儿童使用自己或家人的手机上网。互联网改变了留守儿童的社会交往，使得他们的人际交往方式从传统的面对面交往向网络交往与传统交往交织的新型交往模式转变。网络这个全新的人际交往场域为留守儿童提供了更大的人际交往平台、更多的交往机会和更广的交往范围。通过使用互联网，留守儿童既与远方的父母保持了沟通，又加强了与现实生活中朋友的联系，还结识了新的朋友。

关于青少年网络交往的研究发现，青少年的网络互动行为呈现出明显的多样化特征。为了了解留守儿童网络互动行为的特点，笔者在问卷调查中，采用李克特五点量表对留守儿童的几种主要网络互动行为的频次进行了测量，包括聊天、点赞或评论、抢红包等。

如表 7-1、表 7-2 所示，在三种常见的网络互动行为中，留守儿童从事聊天、点赞或评论这两类互动行为较为频繁。经常聊天的留守儿童占比 28.6%，总是聊天的占比 9.2%；经常“点赞或评论”的留守儿童占比 20.5%，总是“点赞或评论”的占比 19.5%。同时，有过“抢红包”行为的留守儿童也超过了一半。这说明，人际互动在留守儿童的网络使用行为中占据了相当重要的位置。

表 7-1　　　　　　　**留守儿童的网络互动行为描述(N=336)**

	N	极小值	极大值	均值	标准差
聊天	335	1.0	5.0	2.925	1.2322
点赞或评论	336	1.0	5.0	2.979	1.4277
抢红包	336	1.0	5.0	1.961	1.1043
有效的 N(列表状态)	335				

表 7-2　　　　　　　**留守儿童网络互动行为的频率(N=336)**

时长 / 行为	从不	偶尔	有时	经常	总是
聊天	人数 59	人数 59	人数 90	人数 96	人数 31
	比例 17.6%	比例 17.6%	比例 28.6%	比例 26.8%	比例 9.2%
点赞或评论	人数 71	人数 66	人数 64	人数 69	人数 66
	比例 21.1%	比例 19.6%	比例 19%	比例 20.5%	比例 19.5%
抢红包	人数 149	人数 99	人数 54	人数 20	人数 14
	比例 44.3%	比例 29.5%	比例 16.1%	人数 6.0%	人数 4.2%

社会认同理论将自我认同划分为社会身份、个人身份两个相对独立的概念。社会身份/认同是与身份一致的自我描述，来自社会范畴中的成员资格(国家、性别、种族、职业、体育队和更加短暂的群体资格)。个人身份/认同“在性质上是更加个人的，并且经常标识个人的特质”(Mictlael A. Hogg，Dominic Abrams，2004)，因此，“身份”具有两个方面的含义。一方面是指“身份、本身”，回答“我是谁”的困惑，强调个人所处的地位以及不同于他人的个性；另一方面则指“同质性、一致性”的认知，涉及的是个体基于对社会关系的认知，并将自己归为某一群体或组织的过程。

泰弗尔(1982)认为，社会认同主要有三个心理过程：①社会分类(social categorization)；②社会比较(social comparison)；③积极区分原则(positive distinctiveness)。社会分类即自我范畴化，是个体进行自我归类的过程，即将自己归入某一群体。社会比较是人们对自己的信仰、观念和能力的评价，群体间的比较是群体成员获得认同的重要手段之一。积极区分原则是指人们通常倾向于以积极的特征来标定内群体，同时用消极的特征来标定外群体，获得相对于外群的积极的社会认同，从而提升自我价值与自尊（Mictlael A. Hogg，Dominic Abrams，2004）。这三个过程离不开人们相互之间的信息交流和情感沟通。青少年时期是个体建立身份和自我认同的时期，也是从“自我中心”到“去个性化”的时期。斯图亚特·霍尔（1996：3）对身份确认过程中的“自然主义的”和“话语的”理论进行了区分。前者认为“认同建立在对与他人或群体，或与在此基础上建立的团结与联盟的自然边界有共同起源或共享特征的承认的基础上”，后者认为“认同是一种建构，一个从未完成的过程——‘总是在过程中’”。

可见，无论是社会认同还是身份认同，都是在个体与社会、个体与他人的互动中得以实现的。在网络社会中，互联网正逐渐成为个体，特别是青少年身份建构的重要渠道。随着信息传播技术的发展和移动互联网在农村地区的普及，网络对留守儿童的人际互动行为产生了深刻的影响，并通过影响留守儿童的人际互动对他们的自我认同产生影响。

二、替代性沟通：亲子关系的黏合剂

亲子沟通是影响亲子关系的重要因素之一，对青少年的发展非常重要。埃里克森认为，青少年的自我同一性发展是生理、心理与社会文化环境综合作用的结果，并强调家庭在诸多环境因素中的重要地位。青少年与父母之间的良好沟通能使青少年感受到来自父母的关爱和信任，并获得父母的支持和鼓励，从而可以坦诚地和父母沟通问题、交流情感，减少双方的距离感和疏离感，增强依恋感和亲密性，有利于促进个体自我同一性的发展（H. D. Grotevant，C. R. Cooper，1983）。

如前文所述，受交通成本、经济成本等的限制，留守儿童的父母大多半年甚至一年才返乡探视子女一次。这决定了他们无法像普通的父母一样，能够经常与子女进行面对面、心连心的交流和沟通。亲子分离的现状短时间难以改变，但他们需要与子女保持沟通和联系，交换信息、观点、情感和态度，了解、过问子女的生活和学习情况。于是，以电话、网络为中介的远距离互动成为留守儿童家庭的一种“替代性”沟通。而移动互联网具有的即时性、便捷性、可视化、低成本等特点，使得越来越多的留守儿童家庭选择其作为新的亲子沟通渠道。

1. 作为情感象征的手机

拥有电脑或手机等可以接入互联网的电子设备，是使用网络的前提条件。由于电脑在农村家庭的拥有率偏低，且宽带接入每月需要几十元到上百元的费用，再加上留守儿童们平时都住在学校，家里只有老人，农村老人既不具备使用电脑的基本知识技能，也没有“上网冲浪”的需求。因此，使用电脑接入互联网的农村家庭很少，对于大部分留守儿童来说，他们上网使用的主要设备是手机。

Urry(2007)指出，手机带来了人与人的可及性(accessibility)，由此孕育了合作、安全和家庭安排的新逻辑以及一套新的组织工作、学习、休闲和政治活动的结构。智能手机与移动网络的使用改变着父母与孩子的互动方式，为亲子之间提供了一个沟通的新渠道。

笔者对留守儿童家庭亲子沟通的方式的调查数据显示，尽管打电话仍然是留守儿童与父母联系的最主要的方式，但手机与网络正变得日益重要，越来越多的留守儿童家庭使用手机和社交媒体进行亲子之间的沟通与互动。这种跨越空间距离的“联结在场”(connected presence)(C. Licoppe，2004)给远隔两地的父母与子女创造了一种“共在感”，使他们之间的联系更紧密、更直接，在一定程度上缓解了留守儿童对父母的思念，弥补了亲子分离的不利影响。

一般来说，留守儿童获得手机主要有两种情况。一种是父母购买，另一种是家人淘汰的旧手机转送，但无论家人是为他们购买手机还是转送手机，都是为了方便联系。在笔者的访谈中，不少受访者都提到了这一点：

> “我的手机是去年暑假才买的，1000多元。去年暑假我去浙江爸爸妈妈上班的地方玩，爸爸就提出来帮我买手机，说为了联系方便。手机是爸爸帮我选的，这是我的第一部手机。自从我有了手机，妈妈几乎每天都会给我打电话。”(M10)
>
> “我的手机大概是一年多以前，我读初中以后幺娘送给我的。是她以前用的，但不算很旧。爸爸给我办了个流量套餐，好像是一个月40多块的那种。因为家里的人基本上都在福建打工，没有手机他们就没办法联系到我。

现在我每个星期都会用微信打视频，爸爸妈妈打给我的时候比较多，有时候我也会打给他们。”(M11)

显而易见的是，手机增加了可及性，拥有手机之后，分隔两地的父母与子女之间的联系更加频繁了。对于留守儿童而言，手机的工具性价值集中体现在便捷家人之间的沟通联系上。同时，手机作为一种物品，在他们的生活还具有特殊的情感象征意义。对于城市家庭来说，一部智能手机并不算是什么“奢侈品”，普通家庭都可以负担得起。但对于西部地区的农村家庭来说，价格动辄一两千元的智能手机，父母并不是轻易就可以给子女购买的，况且使用手机还要产生电话费、流量费的额外的花销。然而，在留守儿童的家庭中，父母常出于“补偿心理”给予他们无条件的“宠爱”，尽自己所能在物质上满足他们，购买手机的行为凸显了这一点。好几位受访的留守儿童都提到，父母会主动给自己买手机，作为升学礼物或生日礼物，或是作为某种奖励。

受访者 F10 从三年前开始使用手机，九年级的她已经用过三部手机，在同学当中算是一位手机达人，她对手机品牌和性能如数家珍。在叙述中，F10 提到了父母对自己的“溺爱”：

“我现在用的是 VIVO 的新款，商店里标价 1058 元，我父母讲价 998 元买下来的。是今年过年前才买的，之前的金立手机摔碎了。我第一次用手机是在六年级上学期吧，第一部手机是 OPPO。因为父母对我还是算比较溺爱的那种吧，想要什么一般都给买。”(F10)

F12 的手机是姐姐换了新手机后“下放”给她的一部旧手机，尽管这部手机还可以使用，但她还是渴望能有一部自己的新手机，她讲述了购买新手机的理由和可能性：

“我以前的那个手机被我摔坏了，现在暂时用的是我姐的。她觉得屏幕有点小，就不想用了，她重新买了一个大一点的。这部手机有点旧，拿出来用的时候有点没面子。但我妈说了等中考了之后，她就寄钱给我买新的。她

说只要我考起了高中，我想要哪种她都给我买。”(F12)

可见，在留守儿童那里，手机不再是一个纯粹的交流工具，还是家人之间亲密情感的象征。拥有一部手机，不仅为自己跟远方父母的联系提供了方便，更重要的是，这意味着父母对自己的疼爱，能让自己在同龄伙伴面前“有面子”。

2. 在线亲子沟通的功能

以往研究表明，亲子沟通的质量、状况、方式等将影响到儿童的自我概念的建立、道德判断的形成，以及儿童的学业成绩、心理行为问题(雷雳、王争艳、李宏利，2001)。Olson(1985)认为家庭功能是家庭成员之间情感联系沟通以及应对外部事件有效性的反映，家庭成员通过沟通来表达亲密，也通过沟通来处理与适应有关的问题。他从两个维度考察了沟通对家庭功能的影响：一是开放性沟通，它指亲子之间可以自由交换信息，表达情感，没什么约束；二是问题性沟通，它指亲子之间在沟通时受拘束，表达看法时很谨慎，对沟通话题也有着很强的选择性，良好的沟通是开放性较强、问题性较少的沟通。良好的亲子沟通与青少年的同一性发展密切相关。

对于相隔两地的留守儿童与父母来说，在线沟通是日常亲子沟通的主要方式。我们考察了他们的亲子沟通方式和内容，在对访谈资料进行梳理和分析后，我们发现，在亲子双方的信息交流中，问题性沟通表现得比较突出，而开放性沟通较少。问题性沟通主要体现为两种情况：

一是学习和生活中的问题解决。当学习和生活中遇到困难和问题时，由于身边缺乏有力的社会支持，留守儿童往往会选择寻求远方父母的帮助。他们通过网络咨询远方的父母，听取他们的意见，寻找问题的解决方案。

“弟弟在班上很调皮，成绩也不好。他们班主任跟我说了好几次，爷爷奶奶管不了。我就找爸爸妈妈视频，听一下他们的意见。妈妈说我是姐姐，平时要多盯着他，多帮他复习功课，不准他老在外面玩。”(F12)

这些信息会帮助他们形成正确的看问题角度，能够促进留守儿童的同一性发展。

二是家庭关系的协调。主要是对监护人和留守儿童之间的关系协调。对于农村留守儿童的家庭来说，网络是更灵活，也更为便利的协调工具。由于父母的“缺席”，留守儿童大部分都是被隔代抚育和监护的。农村老人文化程度普遍不高，思想观念也较为陈旧，与父母相比，祖父辈在生活方式、兴趣爱好、价值观念等方面与留守儿童往往有难以弥合的“代沟”，这造成留守儿童与监护人之间关系比较紧张，容易发生矛盾和冲突。当冲突发生时，留守儿童会选择通过网络给远方的父母倾诉，父母通过与他们的交流，对家庭成员之间的冲突进行协调。

“我的父母在外面，他们经常寄钱回来，说你想买什么就去买，但其实我是得不到的，我奶奶都会把钱管起，导致我想要买的很多东西都得不到。我就偷偷开视频给父母告状，说奶奶虐待我。爸爸会说：‘幺儿，听话，奶奶这样是为你们好。替你节省是为了你们养成好的习惯。我们在外面找钱不容易，我跟你妈妈都不太会过日子。我和你妈妈都要出来赚钱养家，你要学会体谅奶奶。听爸爸这样说了以后，我好像也有点理解奶奶了，毕竟他们那辈人苦日子过惯了。”(F10)

问题性沟通有助于问题的解决和家庭关系的维护，但开放性沟通更有利于亲子关系的改善。互联网的技术特性能让留守儿童与父母之间跨越空间距离，可以随时随地进行联络，通过在线沟通嘘寒问暖，表达亲密情感。

“平时有时间就和他们(父母)开视频，有时候是他们主动打给我，有时候是我和姐姐打给他们。我会问他们吃饭没有，问一下他们最近做了些什么这些。和妈妈联系得比较多，我爸爸不太爱说话，但是我感觉他们都还挺关心我的。”(M2)

与面对面的沟通相比，网络空间相对自由、平等的交流氛围，能让留守儿童与父母之间的沟通不那么拘谨，双方能更坦率地表达自己的观点，交流彼此的看法。当留守儿童在遇到有关自我的困惑时，通过网络交流，父母能向他们提供有价值的意见和建议，能使他们感受到来自父母的支持，从而更加积极地进行自我探索，逐渐解决困惑，建立起对自我清晰的认知。但是，这种远距离的“缺场”沟通也存在一些局限。

首先，从留守儿童与父母沟通的内容来看，话题和内容比较单一，往往只是“仪式化”地互相询问生活和学习情况，很少会有深层次的沟通。在访谈中笔者了解到，外出打工的父母与留守儿童之间尽管联系的频率不低，但由于父母们长期不在留守儿童的身边，对孩子们的生活、学习情况了解都十分有限，所以双方常常感觉无话可说，很少有共同语言，亲密的情感交流也不多。

“他们(父母)会问我学习上的事，还会问我身体好不好，有没有生病，我也会问。我知道他们在外面打工也很辛苦。”(M11)

“假期的时候基本上天天都会主动给他们(父母)打电话。开学以后一个星期联系一次，没得办法，只能一个星期联系一次。都是说些家常话，比如我会问他们吃饭没有？在做什么？今天发生了些什么？他们会问‘你们那里天气怎么样？’之类的。”(F10)

其次，从留守儿童与父母沟通的效果来看，由于空间距离造成的隔阂，在中介化的交流中，沟通的效果并不理想。M10 就在访谈中描述了一次他与父母之间“交流的无奈”。

“有一次考试，我的成绩有点下滑，我不知道怎么办，就想跟他们(父母)沟通，问一下他们应该怎么做学习成绩才能上升。我用微信给他们打了网络电话，那一次打了差不多有一个小时。但是他们只关心我的分数，就知道说我的成绩下滑是不是上课没有专心听讲还是怎么了，并没有问我的想法，也没有给我什么有用的建议。让我觉得很无语。”(M10)

上述个案表明，相较于传统的面对面沟通，远距离的在线沟通方式更灵活，但却不如面对面沟通充分和深入。尤其是当留守儿童遇到学习和生活上的困难时，在远方打工的父母难以给他们提供实质上的支持与帮助。可见，在留守儿童家庭中，亲子之间借助网络的沟通和互动作为面对面沟通的“补偿”，能够减少亲子分离给双方带来的距离感与疏离感，在一定程度上弥补亲子分离给亲子关系带来的负面影响，促进留守儿童自我认同的达成，但并不能取代面对面的沟通。

三、联结性沟通：社会网络的纽带

何塞·凡·戴克在《连接：社交媒体批评史》中指出，人们对于连接的渴望，驱使互联网发展成为一种连接性工具。① 马克·格兰诺维特(1973)使用了四个向度对强弱两种社会关系网络作出了区分。一是花费的时间，花费的时间多为强纽带(strong tie)，反之为弱纽带(weak tie)；二是情感强度，感情较深为强纽带，感情较浅为弱纽带；三是亲密程度(互相信任)，亲密的为强纽带，不够亲密的为弱纽带；四是互惠服务，互惠越深越广的为强纽带，反之为弱纽带。强纽带联结的是社会特征较为相似的人群，这些人群由于来往较为密切，信息交流较为充分，因而信息的重复度很高。而弱纽带联结的是异质性的群体。弱纽带具有信息传递的优势，它为不同的“强纽带”联结的群体充当桥梁，使人们与外部世界保持联系。通过“弱纽带”，人们能够获取那些由于地域分割等原因而无法得到的信息、知识和技能。在现代社会，社会变迁、人口流动、新的传播技术极大地改变了人们的交往方式。随着全球化的发展进程，人们的社会交往与传统的乡土熟人社会相比，已经呈现出很大的差异，弱关系在人际交往中的意义变得越来越重要。

曼纽尔·卡斯特(2001)认为，“互联网特别适于发展多重的弱纽带，互联网的优点是允许陌生人之间形成弱纽带”，因为平等的互动模式使得社会特征不会对人际沟通造成阻碍。实际上，无论是离线还是在线，“弱纽带都促使不同社会特征的人群相互联结”，因而扩展了人们的社会交往。

通过使用互联网，青少年们的社会关系网络从传统的血缘、地缘拓展到了更广的范围，也从现实世界延伸到了虚拟世界。网络交往跨越时空的独特之处，不仅让素未谋面的陌生人有了认识或交往的机会，更重要的是，它能够让青少年构

① 转引自：南希·K. 拜厄姆. 交往在云端：数字时代的人际关系[M]. 董晨宇，唐悦哲，译. 北京：中国人民大学出版社，2020：19。

建起一个清晰可见的自己的社会网络，保持、支持和拓展已经存在的社会关系。黄少华、翟本瑞(2006：178)认为，青少年借助互联网维持与熟人的联系，尤其是那些因为时空限制而被迫暂时中断甚至终止的朋友、熟人关系，使那些彼此从小时候就悉心培养起来的友谊或经历长时间历史考验的社会关系，因为外在客观因素的变动而被割断。

对于父母远在外地务工，生活空间以学校、家庭为主的留守儿童而言，他们的社会关系网络主要来自以血缘、地缘为基础的同质群体。但通过互联网的使用，他们能够和那些与自己并不处在同一空间的陌生人展开互动，逐步发展建立新的社会关系，从而拓展自己的社会网络。这一节将探讨留守儿童在互联网上与“他人”互动的几种典型行为。

1. 隐匿的表达：和“陌生人”说话

关于网络关系的质量，以往研究有两种不同的研究视角和结论。一种是技术决定论，认为科技是唯一决定社会关系性质的因素，以计算机为媒介的交流与面对面的交流相比，交换的信息更少，因此网络交流并不太适合于维持强的社会关系，而更适合于维持弱的社会关系。另一种是社会建构主义，认为由于在线网络交往的匿名性、隔离性、没有门控制度等特征，以及更容易找到志趣相投的朋友，使得个体之间更容易形成牢固的社会联结(K. McKenna, et al., 2002)。

社会抑制理论认为，社会交往能够被外貌、交往技能、口吃和害羞抑制等“门控特征”所抑制。这些特征往往会给人留下深刻的第一形象，影响友谊的后续发展，从而妨碍人们和他人建立良好的社会关系（Robert Zheng, Jason J. Burrow-Sanchez & Clifford J. Drew, 2014)。但在网络中，这些“门控特征”大多能被隐藏起来，它们对交往的影响大大减弱了。根据社会补偿理论，内向的与缺乏社会支持的个体更能够使用互联网建立和维系人际关系(Valkenvurg PM, Schouten A P & Peter J, 2005)。与现实生活相比，网络空间中的社交情境更为舒适，有助于缓解个体的社交焦虑感，有社交焦虑的青少年可以在网络中更多地与陌生人交谈，更容易形成在线友谊关系(E. F. Gross, Juvonen J & Gable S L, 2002)。

受成长环境和留守处境的影响，许多留守儿童的性格偏内向，且有不同程度的社交焦虑。网络交往中的去抑制效应能够帮助留守儿童克服在现实交往中的压抑感，减轻他们的社交焦虑，使他们相对于现实生活没有那么拘谨，与他人交流时更加自信、开放和坦诚。一些在现实生活中由于受害羞、表达能力等影响不爱聊天的留守儿童，在网上可能会变得很健谈，与他人有更多的互动。

> "有些人在现实生活中，不好意思，在QQ上就比较好意思。"（F12）
>
> "心情不好的时候就会找同学、朋友聊聊天、解解闷，我有些同学说我在网上和她们聊天聊得很好，像个话痨，但是现实生活中有时候会说不出话来。"（F1）

"陌生人"是社会学家齐美尔提出的概念。齐美尔（1908）认为，在陌生人身上，体现了任何人际关系都会涉及的远与近的统一。在现代社会中，人们不愿意"和陌生人说话"，即使与近在咫尺的人发生联结和交往，都是很困难的。但是，互联网却让陌生人之间的相识和交往变得可能，哪怕人们在空间上相距遥远。大量研究表明，基于互联网的人际互动能够导致更多的自我表露。麦肯纳和巴格在关于在线新闻组的研究中，发现参与在线新闻组有助于人们"表露有关自我中长期隐藏的部分"（McKenna，K. Y. A. & Bargh，J.，2000）。在"匿名"的掩饰下，留守儿童们与本来毫无关系的陌生人在网上相遇，展开交流与互动，表达那些他们平时在生活中不愿意对身边的亲人、朋友表达的真实感受和想法。

> "可能因为我的性格还是有一些内向的，在现实生活中其实不是很和别人沟通得来，但是在网络里面，陌生人又不认识我，我能够倾诉一下自己心里的一些烦心事。"（F9）

尽管在很多时候，网络交流的这种"匿名"并非真正的匿名，只是视觉上的匿名，但仍然能发挥"掩饰"的作用。

> "在QQ里面可以好好地和朋友聊天，一些小秘密、不能和父母家人说的事情，都可以在QQ上和好朋友说。在网上聊天的话，关系好的会变得越

来越好，关系不好的也会改善，会和不太熟悉的人越来越熟。”（M16）

当在现实交往里与朋友出现矛盾或隔阂时，留守儿童还会选择社交媒体作为中介，与朋友进行沟通，化解朋友之间的矛盾。

“生活中的朋友有时候也会在网上有一些交流。有时候在现实生活中你可能一不小心伤害了别人，当面又不好说，可能在网上聊的时候会跟她道歉。然后一回来感情又好了（笑），误会都化解了。”（F9）

有不少留守儿童都曾经有过流动儿童的经历。他们幼年曾跟随父母在父母务工的城市生活过一段时间，后来又由于种种原因回到家乡生活。对于这些有特殊经历的留守儿童来说，社交媒体可以让他们与异地的同学、朋友保持远距离的联系。

如受访者F3之前一直跟着在外务工的父亲在福建上学，八年级才转学回到家乡的学校。

“平时上QQ都是在和以前在福建的同学聊天，聊以前在福建的事，他们会问我现在过得怎么样，是不是适应现在的学习生活。”（F3）

社交媒体的使用在一定程度上增进了留守儿童和现实中朋友的友谊，也增加了他们和陌生人交往的机会，不少留守儿童通过使用社交媒体结识了新的朋友，扩展了自己的“朋友圈”。

“我的QQ上大概有三百多个好友，很多都是我玩得好的，或者是我们小学、初中的同学，有些是我哥的同学或者认识的人，他们加我，我也会同意。我父母亲戚的QQ我也都有。以前还加了一些不认识的人，他们很多都是从附近的人加来的。”（F1）

“在QQ上认识了同年级的别班的同学，都是他们加的我，开始的时候关系不是很好，但是玩着玩着就好了。”（F14）

但更多的受访留守儿童表示，自己不会使用社交媒体主动寻求与陌生人的联系，“一般不加陌生人，加了也不聊天”，“如果是不认识的人就不想聊”，因为“互相不了解没有话题”。他们使用社交媒体主要是跟现实中的朋友联系，把网络沟通作为与现实朋友面对面交流的替代。

“和现实中的朋友在网上的交流会更多一些，在网上聊天互相了解，可能会发现一些共同爱好，有了更多话题，关系就更好了。”(F10)

2. 互惠的仪式：点赞与评论

互惠意味着人际交往中的一方必须提供另外一方需要的东西。话语互惠十分重要，当你说了自己一个弱点，对方的反馈是在描述自己一个弱点，你会感到舒服。因为我们大多数人愿意揭示自己给自己并不熟悉的人的情况仅仅发展在他人也揭示自己的个人信息时；行动互惠也十分重要，也就是即便他人并不愿意做我们所要求的，但他人还是会根据社会互惠的习俗允诺我们(Garko，M. G.，1990)。

礼物交换被看作维持社会关系的一种方式。在中国社会，早在两千年以前，儒家经典《礼记》就强调了互惠在人际交往中的重要性，“礼尚往来，往而不来，非礼也；来而不往亦非礼也”。和现实社会中一样，在网络世界中，互惠原则同样在人们的互动过程中发挥着重要的影响。“点赞”作为社交媒体中一种信息反馈方式和传播符号，因其简便快捷、指向明确被用户广泛使用。Rosen(2012)将点赞比作小啜一口的交流方式，其认为这种方式虽不能与面对面交流相提并论，但就像喝水一样，一两口并不能满足口渴，许许多多的啜饮能够形成一整杯足以解渴的水。

在QQ空间或微信朋友圈里，为了维持良好的人际关系，留守儿童和他们的好友之间，常常以“点赞”的方式展开互动。一位受访者提道：

“点赞不是会有消息提醒嘛，其实每个给我点赞的人，我都会点他的空间看一下自己有没有给他点赞，如果没有就点赞，如果点过了我就会给他留

言啊这些，因为虽然是在网络世界，我觉得这是一种礼尚往来的方式。”（F12）

社交媒体中的“点赞”也许是一种表达好感的最常用的方式。但是，“点赞”一旦被随意使用，就有可能蜕变为不带情感色彩的无意义的“敷衍”。有学者认为，点赞在某些情境中意味着态度上的所有含混不清与暧昧。“‘点赞’成了一个褒贬不明的词汇，你喜欢可以点赞，讨厌可以点赞，无语可以点赞，有话要说也可以点赞……总之，点赞在社交圈中成为了继‘呵呵’之后的又一个‘敷衍工具’。”（周婕，2014）笔者在观察时发现，受访者 F10 的 QQ 好友数量众多，她的 QQ 空间每条动态下面都有 100 多个赞，最多的有 500 多个赞，最少的也有 80 多个赞。在她看来，点赞只不过是和朋友圈里的陌生人保持联系的方式：

“在 QQ 空间互相点赞的大部分都是不认识的网友，我连人家的名字都不知道，只不过他们在我的好友名单里面，刷空间时刚好刷到他，就点一个赞，然后他也会给我点一个赞。点赞的时候根本就没有看别人发的是什么内容。”（F10）

受访者 M2 告诉笔者，他一般看到就会点赞，但如果不是很熟悉的人，是不会发评论的。“如果对方是网友，或者是朋友的朋友这种，因为不是很了解，想评论也不知道说什么好，有时候还可能说错话，那干脆就默默点个赞吧。”

可见，在与现实生活联系并不密切的弱关系中，因为彼此的点赞行为形成了一种互惠的循环。但这种行为有时候成为机械的回应，不过是表达“我的朋友圈有你”，满足彼此保持联结的需求，并不具备实质上的沟通意义。

值得注意的是，留守儿童用“点赞”和“评论”的使用，对朋友圈里关系亲密和关系不够亲密的人做出了区分。他们认为，点赞这种行为比较随便，如果跟好友只是互相点赞，那就说明“关系一般”，而如果经常互相留言评论，那就说明“他们的关系比较密切”。从他们对“点赞”和“评论”的描述中可以体现出这一点：

“如果是很好的朋友，每发一条动态我都会认真看，看完以后在下面留个言。他们发的内容一般是吃吃喝喝这些比较多，然后我就会留言说‘这是什么？’或者‘看起来很好吃啊’‘不错啊’之类的，他们也每次都会回复。当然，我发动态的时候他们也会给我留言。”（M16）

“我喜欢在QQ空间里发一些视频，会有人给我点赞，基本是我的同学。我也会给他们点赞和评论。评论要麻烦一点，有时候要看看他们发的什么内容，然后就根据他们发的（内容）来评论。一般给我评论的都是和我玩得好的。”（M3）

在访谈中受访者表示，与好友们在空间评论的内容相比，他们更重视“评论”这种互动行为本身。因为有人评论的话，说明自己发布的内容得到了朋友的关注。

“我每次发动态都会有同学给我点赞或者评论。我发自拍的时候他们一般都会夸还可以、很好看的话，嗯……也会有一些讽刺的评论，但不管说的是什么，看到有留言时都会很开心，至少说明朋友们在关注我嘛。”（F1）

“我不是经常发动态，但发了之后会老去看有没有人留言和点赞。只要上QQ，我都会去朋友们的空间逛一逛，给他们留言或者点赞。”（M10）

作为一种双向的互动行为，评论表示了好友之间的相互关心和友好，成为留守儿童与好友之间维系情感的纽带，有时候评论的内容是好是坏可能都不再重要，重要的是在这种互动营造的亲密感与共在感。

“比如说我周末去县城玩了，我可能会发两张好看的风景照，或者今天吃了一顿烧烤，我也会发动态，好朋友们会在下面各种评论。如果有哪个同学给我评论了一些我不喜欢的话，我顶多就是不回复，不理他，但不会生气。我觉得是因为关系好，还有我发的内容有趣他们才会评论的。如果因为一条评论就生气也太小气了吧，这样以后就没人给你评论了。”（M3）

“我发一些表示开心的动态时，他们会评论‘你今天心情怎么那么好？’如果遇到我心情不好时，他们会留言表达一些关心‘你今天怎么了？为什么

心情不好?’，有时候看见他们的留言心情就好多了。”(F7)

总之，在网络空间中，留守儿童与好友们像交换礼物一样相互点赞或评论，关系的维护与情感的表达赋予了这种互动实践以意义。

四、共享式沟通：网络社群中的互动

大群、小群、家庭群、工作群、粉丝群以及各种兴趣群充斥着人们的网络生活。罗伯特·布朗(Rupert Brown，2000)认为，我们的社会身份(我们对自我及对自我价值的感知)与我们的群体成员身份密切相关。① 加入一个群体，意味着我们看待自己的方式发生了变化。群体不仅有能力塑造我们与他人互动的性质，而且能塑造我们的社会认同感。互联网改变了青少年的生活，也创造了新的社群。霍华德·莱茵戈德(Howard Rheingold，1993)指出：“当有足够的人长时间的共同参与一个公共讨论，投入够多的情感，并在网络空间中构成一个由个人关系组成的网，就会产生网络社群这种网络上产生的社会群聚现象。”作为一种“新的沟通团体”，网络社群可能保有真实社群的某些特征，包括互动、共同的目标、认同感与归属感、各种规范，不成文的规则，而且具有排斥或拒绝的可能性；虚拟社区具有惯例、模式与表达模式(丹尼斯·麦奎尔，2010)。翟本瑞(2001)认为网络社群兼具了传统社会学所区分的群体和社会两者的特性，并认为“人们可以在网络社群中同时得到社会性关系，但又兼具群体性意识。”在现实生活中，我们可以隶属于不同的群体，在网络空间里，我们也可以加入多个群体，群体成员之间的互动有助于我们获得自我认同感与归属感。

笔者在研究中发现，在对社交媒体的使用中，留守儿童们通常都会加入多个网络群组，在网络群组中，社群成员共享的空间、共享的信息、共享的身份有助于他们获取关于“我是谁”的认识。

1. 关系社群与兴趣社群：基于成员关系的划分

库利(1909)将群体分为两大类型：初级群体和次级群体。初级群体是那些经

① 转引自：安尼·希尔，詹姆斯·沃森，等. 人际传播关键主题：文化、身份与表演[M]. 刘蒙之，景琦，译. 西安：世界图书出版西安有限公司，2016：65。

常以面对面形式传播的群体，例如家庭。在初级群体中，产生规范和习俗，分配角色，以及成员间可以感受到亲密无间的团结；次级群体例如民族、宗教，是一种许多人组成的集合，一个成员只可能与群体中某些成员进行面对面的传播。使用社交媒体的留守儿童，几乎都加入了数量不等的QQ群和微信群。参照Hegal和Armstrong(1996)的研究，根据这些网络社群的成员组成和交流议题，可以把他们加入的网络社群大致划分为关系社群和兴趣社群两种类型。其中，关系社群通常源自线下的初级群体，成员之间的关系比较固定，例如家庭群、班级群。而兴趣社群的出现更多是源自自发的传播接触，可以看作线上的次级群体，成员之间的关系不一定那么稳定。但是这两类社群中的成员身份，构成了留守儿童自我认同的不同方面；在所有社群中交流、分享的信息，都在塑造着他们的自我意识。

关系社群以家庭群为代表。对于留守儿童来说，平时家人都生活在不同的地方，要聚在一个地方面对面地交流沟通是一件困难的事情，一年也难得有一次机会。但是，有了家庭群后，沟通变得容易起来，社交媒体成为他们与亲人沟通的重要桥梁。在访谈中，有好几位受访者使用家庭QQ群、微信群与亲人保持着较为频繁的联系。

> "家里的亲戚都在一个微信群里面，有20多个人。我们在里面经常联系，摆龙门阵，聊天那些。他们经常会问你吃饭没有啊？吃了些什么啊？就是说这些家常。因为我今年初三了，是家族里面比较大的孩子，学习还可以，也算是比较懂事的，那些亲戚们还会询问我的成绩。"(F10)

除了获取情感上的慰藉与支持，家庭群还增强了对留守儿童对家庭的亲密感和归属感。受访者F9的父母都在广东打工，她跟爷爷奶奶还有弟弟一起在老家生活，家庭群是她上网时互动最多的群组：

> "我只有家人的QQ群，不会去进别的群。家人的群里面什么都聊，话题很多，各种都有。我有一个大舅妈特别搞笑，会在群里说一些笑话逗我们笑。长辈们会说生活里面的一些事，比如说哪家盖了新房子，哪家杀了猪之

类的，还会谈论自己的孩子，跟我们说要好好学习，不要让自己后悔这样的话。群里比较热闹，比如说前段时间过年大家发红包，谁抢到红包了，谁抢到的红包大，都会在群里说一下。”(F9)

班级群是另一个重要的关系型社群。在班级群中，除了班干部在里面通知一些班级事务之外，孩子们还互相解答学习中遇到的问题，形成一种在线互助机制。这种信息资源交换对群组成员来说非常重要，班级群体的凝聚力也有增强的作用。

“我只加了我们班的QQ群，班上有什么事情会在里面通知，比如昨天学习委员在群里通知我们要买一本课外辅导书。群里平时就是聊学习。我数学不好，做作业时遇到不会做的题，就会在群里面问。如果群里面没有人回复的话，我就单独私聊学习好的同学。感觉我对这个群还挺依赖的。有了这个群以后，和班上同学们的交流更多了。”(M11)

在传统社会中，人们与兴趣相投的人建立关系的机会十分有限，社交媒体的出现使这种线下结识的有共同兴趣爱好的人们之间的互动转移到线上。兴趣型群组是基于趣缘关系，由有共同爱好的一群人会建立起来的。参与这个群组的互动，能让成员们感到自己归属于某一个特定的同伴群体。受访者M10爱好打篮球，他创建了一个本校的篮球QQ群。成员都是篮球爱好者，他们会在QQ群里分享一些跟篮球有关的信息，也会组织成员在一起打篮球。

问：你们的群叫什么名字？“灌篮”高手吗？

M10：(笑了起来)不是，群名是我同学取的，叫“篮神”，篮球的“篮”。

问：你们经常在群里做些什么呢？

M10：一般就是分享一些打篮球的视频或者文章，聊天，当然最重要的就是约有时间的时候一起打篮球。

问：你们的群有多少人？互相都认识吗？每个星期都会打球吗？

M10：现在只有十几个人，是我们学校不同年级的。有几个以前也不认识，是朋友把他们拉进群以后才认识的。如果不是特别忙的话，我们每个星期都会约两三次球。

问：除了篮球，还会聊什么？

M10：在群里问问起床没有？或者交流今天有什么事情发生。如果有一个同学没来上学，我们就会在群里问他为什么没来？是不是生病了，关心下他。

M3 玩《王者荣耀》，他加入了一个玩家 QQ 群。

"群里都是打《王者荣耀》的朋友，平时不怎么说话，周末回到家，可以上网打游戏了，大家就会在那个群里喊'开局开局'，然后约好时间一起组队打。他们还会在群里面转发一些游戏经验帖和游戏截图什么的。"(M3)

不同的群组都有自己特定的议程，群组之间的边界比较清晰，孩子们通常不会偏离讨论主题，既不会在班级群里讨论游戏，也不会在游戏群里讨论学习。

网络社群中的人际关系不受现实中时间空间距离的制约，使人们能够更方便地结识志同道合的朋友。南希·K. 拜厄姆(2020：80)指出，人们之所以热爱线上群组，是因为无论身处何地，他们都能借此轻松找到拥有共同兴趣爱好的人，并建立起新的关系。尤其是那些以共同兴趣爱好为基础的网络社群，不仅对于人们社会关系网络的拓展有积极意义，还为青少年在网络空间中探索自我认同和归属感提供了支持。受访者 M16 加入了一个《斗破苍穹》的粉丝 QQ 群，并通过这个粉丝群与有共同爱好的同龄人建立了关系。

"因为看过《斗破苍穹》的漫画，这个漫画很好看，就想跟一些也喜欢这个漫画的人聊，就在网上搜索了一个 QQ 群，群名叫'斗破苍穹漫画基地'。刚进群时里面的人都不认识，大部分是中学生吧，群主会经常上传一些漫画的新章节。然后大家在里面聊人物啊剧情啊武器啊这些，聊着聊着就熟了。有一个管理员叫'卫宫'的，他看过小说，经常说漫画和小说有哪些不同什么的，我没有看过小说，对他讲的事情很感兴趣，就加了他。后来我们成了

朋友，除了在群里聊之外，也会私聊。”(M16)

网络群组中持续的信息共享为群体身份的确立提供了可能，正如 Cutrona 和 Russell(1990)所说：“使人们感受到自己身处具有共同利益和兴趣的团体，自己是其中的一部分。”

2.“大群”与“小群”：群内角色的转换

以往研究把人们在网络社群中扮演的角色归结为三种：第一种是“回答者”(answer people)，即经常回复别人但从不主动发布文章的人；第二种是“讨论者”(discussion people)，即经常发布文章又回复他人的人；第三种是“潜水者”(lurker)，即那些只阅读但从不发布信息的人(南希·K. 拜厄姆，2020：97)。在若干个群组中，人们扮演的角色会趋向一致吗？在对留守儿童参与网络群组的情况进行观察和访谈后，笔者发现，他们在不同的网络群组中表现并不一致，扮演的角色也不尽相同。例如 F7 在班级群里是“讨论者”，但在家庭群里却是“潜水者”。当孩子们穿梭于不同的网络群组中，他们会根据不同的情况和需要调整自己的角色，控制自己在不同群组中的角色转换。影响他们这种角色转换行为的因素可能是多方面的，网络群组的规模大小可能是其中一个重要因素。

根据贝伦等人的研究，通常在一个小群体内传播的障碍比较少。“小群”往往成员人数较少，且基于现实中的“强关系”组成，群组内成员之间彼此都认识且熟悉，因此个体很少会受到抑制，表达观点和参与讨论的意愿更为强烈，更愿意扮演“回答者”和“讨论者”的角色。而对于那些基于“弱关系”组成的“大群”，群成员之间仅仅是认识或者根本不认识，参与者的群体归属感比较低，或者出于拘谨或者自我保护，或者对群组中讨论的话题不够了解，不太愿意过多地表达自己，更多地选择扮演沉默的“潜水者”。正如一些受访者在描述自己的网络生活时所展现的：

“我加入的 QQ 群有七八个吧，只有班级群和一个小群我聊得比较多。因为这两个群里面都是同学，都是认识的人和好朋友，就比较喜欢在里面聊。另外有一些群是朋友拉我进去的，有两个比较大的群，比如××中学群和××同乡群，里面人很多，都有四五百人，大部分的人都不认识，聊的话题也五花八门，我一般很少在群里面说话，最多发一下表情。”(M4)

“用得最多的QQ群是班级群，我会给他们解答一些问题，比如在哪里买参考书什么的。可能因为我以前是班长，我觉得自己有这个责任回答别人的问题吧。但是在另外的群里我一般都是潜水。”(F10)

初三的F12有一个“闺蜜群”，里面只有5个人，都是她最好的朋友。这个群是她加入的群当中人数最少的，但跟其他的群相比，她更喜欢在这个群里交流。

“这个群是上初一就建的，我特别喜欢在里面聊天，周末或者假期有时间要手机的时候，我们常常会在群里聊一两个小时，聊看的剧呀或者班上好玩的事情这些。上初中以后老师不准把手机带到学校来，放在家里，但是QQ都是一直登起，一直在线的。我每个星期回家去，都必须要先上去看一下。”(F12)

她解释说：“因为总是担心有朋友在群里找我有什么事情，我没有回给她，会影响我们的关系。”然而，在闺蜜群里非常活跃的F12，在班级群里却是一位“潜水者”。

“我能上网的时候不多，在班级的群里面，有时候他们聊到一半我窜出来，也不知道他们在聊些什么，搭不上话，就只好潜水了。然后偶尔我在群里说话，因为我没有改备注，班群里面他们就会问“你是谁”？然后我就很尴尬，就更不喜欢在里面说话了。反正群里人多，没人注意我，我说不说话也没关系。”(F12)

在群中，如果你想让更多人关注你，你必须时刻在线，持续出现，如果你几天没有登录，你就会被遗忘。如果不希望自己在群组中潜心塑造的“角色”消失，就必须保持活跃度和存在感。于是，在时间精力有限的情况下，他们不得不在大多数群中扮演“潜水者”。

3. 规范与“领导”：群组的运作机制

跟现实生活中的社群一样，对于一个已经确立的网络群组而言，很可能有一个“期望新用户遵守的、成熟的和可传播的行为规范”（亚当·乔伊森，2010：49）。麦克劳克林和维塔克（Mclaughlin & Vitak，2012）在一项对 Facebook 用户行为的研究中，将规范定义为“人们确定哪些行为可被接受、哪种行为不可被接受的框架”。网络群组的规范有时候是以“群规”“群公告”等方式明确予以表述，但更多时候是一种约定俗成的，不成文的“隐含的规范”，规范规定了成员在群中的传播行为。以受访者 M10 常用的班级 QQ 群为例，他展示给笔者看的班级 QQ 群公告栏是这样写的：

> 1. 本群以学习交流为主，请勿讨论其他话题；
> 2. 禁止刷屏，禁止频繁发图；
> 3. 禁止骂人，说脏话；
> 4. 以上情节严重或不听劝告的作禁言处理或移除本群。

规范明确了群组的目标，规定了在这个群里能做什么，不能做什么，以及违反规范后的相应的处罚手段，如禁言（禁止在群内发言）或踢出（从群组中删除）等，以促使群组成员形成一种“共享性实践”。反过来，成员们也通过“共享性实践”维护和强化群组规范。在群组中，由于“群体压力”的作用，成员们通常都会遵守这些群组规范。如果偶尔成员行为出现偏差，也会有人出来阻止。

> “我们在班级 QQ 群里面聊的基本上是学习，班长每天都会在群里面问作业做了没有？有哪些不会的？班群虽然不算热闹，但气氛还是比较友好。但有一次我忘了是因为什么事情，两个同学在群里吵起来了。班长或者其他管理员就跑出来说了那两个吵架的同学，让他们注意一下。后来也就没有发生过这种事情了。”（F14）

即便一些群成员在群组中是以匿名的方式存在，但他们跟那些实名的群员一样，会自觉地让自己的行为合乎规范。在经担任班级 QQ 群管理员的 F10 同意后，笔者进入了她所在的班级 QQ 群进行了观察。这是一个九年级的班级 QQ 群，共有 54 位成员，在线人数一般在 30 与 40 人之间，群资料显示，该群创立于 2017 年 8 月。有一部分成员在群里使用的是真名，但使用网名的也比较多。因为群组建立的时间较长，群成员之间彼此都比较熟悉，所以无论是实名还是匿名，对他们之间的互动都没有影响。下面是这个 QQ 群在暑假当中某一天晚上的部分聊天记录(均为化名)：

小星：怎么没人？

牛牛：有啊

小星：出来玩

三只老虎：你在哪点嘛？

小星：在家

牛牛：我都睡觉了

小星：那么早？你的作业写完了？

牛牛：没写

三只老虎：我也没写作业

小星：你们牛

牛牛：一点都没摸

小星：读书怎么办？

牛牛：我不知道怎么做

三只老虎：我今天还在看骨头之类的

四喜：好难啊

牛牛：我弟弟给我借的书

四喜：那个解剖……

小星：喔

四喜：英语简单

三只老虎：啧啧啧

四喜：什么呼吸道还由几部分构成

四喜：什么时候开学啊

山风：19号

四喜：8月啊？好早

山风：嗯嗯

由于笔者观察的时期是在中考后的暑假，QQ群内的讨论比较活跃，但孩子们的主要的讨论话题仍然是学习，群组的“规范”已经“内化”为他们的行为习惯。

不同类型的群组的规范很可能会有所不同。比如，相对于班级群来说，一个游戏玩家群的规范就大相径庭。《王者荣耀》游戏的玩家M3加入了一个《王者荣耀》的玩家交流QQ群，他给笔者展示了这个群的“新人须知”：

1. 本群欢迎交流王者游戏攻略、游戏经验；
2. 本群禁止一切人身攻击和无理由谩骂，一经发现禁言三天；
3. 禁止在群内发送陪练、代练或其他宣传广告，一经发现禁言或踢出；
4. 禁止在群内借号、卖号、出租账号，私下交易出现问题概不负责。

由此可见，一个群组规范的形成在某种程度上与这个群组的目标、成员结构、成员之间的关系直接相关。然而，一个网络社群的运行，除了需要规范的约束，还需要有“领导者”。按照胡克赛斯基(Huczynski)和布坎南(Buchanan)的理论，一个群体中领导的出现是它结构的一种功能。要想在群体中成功发挥领导者角色，这个领导者应该具备高于其他成员的能力，能够去解决群体中的特殊问题，并且在群体中拥有相当大的影响。是什么决定了一个人能在网络社群中成为“领导”呢？

笔者在研究中发现，留守儿童们加入的班级QQ群“群主”都是班长，由其他班干部担任群组管理员。由于班级人数多少的不同，一个班级QQ群通常有30~50个成员，3~5个管理员。班干部们乐于在网络群组里继续扮演着班级管理者的角色，他们在群里往往会比其他成员表现得更为活跃。他们不仅是群组的管理者，也是主持人、调解人，是一个群组中的“意见领袖”和“核心”。

“我是班上的劳动委员，也是班级群的管理员。有人问作业时我经常帮他们解答，有时候如果我自己不会的，我会私聊其他同学，叫他们来帮忙解答一下。如果有人在群里聊一些不合适的话题，我也会提醒他们。”(M10)

显然，像M10这样的群组成员之所以能成为“领导”，是因为他拥有其他成员不具备的知识资本和人际关系资本。而成员在群组里的言行体现着他们的身份意识，一个人的发言是不是有人及时回复在群组中成为一种声望的象征。在一个班级QQ群中，班干部在群里的发言往往会得到较为积极的响应。由此可见，网络社群中仍然有身份地位的差别。当然，对于群组当中的“领导”来说，要巩固自己在群体中的权威地位，也必须付出更多的时间、精力以及资源，对群体作出更多的贡献。

在班级群里，有一个特殊的成员，就是老师。在现实生活中，和班干部相比，老师更权威也更有影响力。有趣的是，老师要想在班级群里维持自己在现实生活中的位置并不容易，因为孩子们有自己的一套“策略”。

“我们班的QQ群里面没有老师，我们不希望老师知道。因为如果老师也在班级群里的话，我们聊天时会感觉不自在。”(M11)

“我们班有两个群，一个是初一刚刚来的时候建的，一个拉一个，一个拉一个地就建起来了。刚开始群里面特别活跃，后来老师加了进去，在里面通知一些事情。大家就不怎么在里面聊天了。后来我们又重新建了一个群，现在基本上都在这个群里聊天，又怕被老师发现，有时候也去之前的群里说两句话。”(F13)

网络社群是一种新的生活方式，但并没有完全脱离现实生活。借助群组，留守儿童们似乎已经能有效地将自己的在线生活和离线生活融合起来，线上线下交织的各种资本及其伴随的权力仍然构成了网络群组运作的重要机制。

本章小结

个人的自我认同是在与他人的互动中才逐渐形成的。在网络空间中，人们的互动更频繁，互动方式也更丰富，因此，我们“不仅可以凭借着对网络使用者探索自我认同的过程的思考来了解网络人际关系，同时，还应该将资讯时代的自我认同问题放置到具体的人际关系脉络中加以理解”（黄厚铭，2002）。在本章中，笔者展现了留守儿童是如何通过使用社交媒体与他人进行互动的，并对替代性沟通、联结性沟通、共享式沟通三种沟通行为的意义进行了解析。

首先，替代性沟通能在一定程度上满足留守儿童的亲情需求，促进他们自我认同的达成。在面对面沟通不足的情况下，网络亲子沟通作为“替代品”能够减少亲子分离给双方带来的距离感与疏离感，在一定程度上弥补亲子分离给亲子关系带来的负面影响。但“缺场”的亲子沟通不能取代面对面的亲子沟通。其一，从留守儿童与父母沟通的内容来看，由于长期的亲子分离，父母对孩子们的生活、学习情况了解十分有限，双方交流的话题比较单一，往往只是“仪式化”地互相询问生活和学习情况，很少有深层次的沟通。其二，从留守儿童与父母沟通的效果来看，由于空间距离造成的隔阂，在以媒介为中介的交流中，父母与子女的沟通不充分，使得父母难以给子女提供实质上的支持与帮助，帮助和引导他们解决成长中的困惑。

其次，联结性沟通使留守儿童在与他人更多的互动中有更多的机会接受反馈，有利于自我认同的建构。网络交往的隐匿性和隔离性能缓解留守儿童的社交焦虑，他们通过点赞、评论等行为，与现实生活中的同伴有了更多的互动，提升了他们与亲密同伴的关系。借助社交媒体，日常社交圈狭窄的留守儿童有机会发展建立新的社会关系。但总体而言，他们使用社交媒体更多是同现实生活中的“熟人”联系，社交媒体对他们社会网络的扩展作用比较有限。

最后，基于网络社群的共享式沟通塑造了留守儿童与他人互动的环境，也塑造了他们的社会认同。加入一个网络社群，能让留守儿童与群组成员共享空间、共享信息、共享身份，满足信息需求，获得认同感与归属感。他们在群组中如何与他人互动，如何扮演角色，都会塑造他们的身份感，影响到他们对自我的认知。

第八章　身份的归属：留守儿童的网络游戏行为

游戏作为一种古老的人类活动，已有数千年历史。社会学认为，游戏是儿童习得社会规范的一种手段。但游戏真正成为影响广泛的庞大产业，是在游戏进入数字化、网络化时代之后。

网络游戏是青少年中最常见的网络行为之一。中国互联网络信息中心(CNNIC)发布的《2019年全国未成年人互联网使用情况研究报告》显示，61.0%的未成年网民会经常在网上玩游戏。其中，小学、初中、高中学历段的手机游戏用户，工作日玩手机游戏日均在2小时以上的比例分别为8.9%、13.3%和15.4%，在节假日，小学、初中、高中学历段的手机游戏用户，玩手机游戏日均在2小时以上的比例分别提升至14.1%、22.5%和27.3%。由此可见，网络游戏在青少年的网络生活中占据着重要地位，成为当代青少年共享的生活方式。

社会主流舆论对青少年的网络游戏行为普遍存在一种负面刻板印象。一般认为，青少年缺乏自制力，容易沉迷网络游戏，引发人格障碍或“玩物丧志”，甚至荒废学业等。在公众眼里，上网玩游戏就是“不良行为”，网络游戏往往与“网络沉迷”“网络成瘾”等词汇联系在一起，“玩网络游戏的青少年”几乎等同于“问题青少年”，对留守儿童群体更是如此。北青网2018年3月刊发的一篇题为《全国政协委员呼吁游戏分级：网游正侵蚀留守儿童》的报道是这样描述的：

“在广大的留守儿童群体中，‘沉溺’游戏的现象已比较严重。一位媒体同行告诉记者，在河南某县的一个乡村中，孩子们三五成群地围在角落，横着手机一起玩游戏，其中大部分都是留守儿童。在江苏苏北某镇，情况也是如此。记者走访发现，多位父母外出工作的留守儿童，大部分的空余时间都用来打游戏或者看别人打游戏。游戏，变成了比学习本身、写作业、外出玩耍更重要的部分。

2月13日，陕西平利县一偏远山村教师介绍，他所负责的班级沉迷于王者荣耀等网络游戏的学生不在少数，且大多属于留守儿童，从上学期开始他发现这些学生成绩开始掉队，视力普遍下降严重、性格也变得越来越孤僻，更有甚者产生厌学情绪……”

在百度搜索中输入关键词“留守儿童”“游戏”，关于留守儿童游戏成瘾的描述比比皆是：“留守儿童大部分的空余时间都用来打游戏或者看别人打游戏”“留守儿童沉迷于网络游戏，视力普遍下降严重、性格也变得越来越孤僻，更有甚者产生厌学情绪”……而留守儿童因沉迷网络游戏发生的极端事件因媒体关注也时常出现在公众的视野中，如四川留守儿童玩游戏3个月花掉爷爷奶奶一年的2万元积蓄；8名十几岁的留守儿童多次实施抢劫的动机是为了“弄钱上网打游戏”等。这些新闻报道似乎表明：由于缺少父母的监管和约束，留守儿童比其他儿童更容易沉溺于网络游戏。

大部分研究对青少年网络游戏行为持消极态度。认为网络游戏容易引发青少年对互联网的过度使用，出现“网络成瘾”行为(Subrahmanyam K.，Smahel D.，2014：183)。如方紫薇(2002)认为，青少年过度投入线上游戏，较会变换自我且对自我产生怀疑；柯志鸿(2005)等人指出，线上游戏已成为逃避深层的自我价值低落与人格缺陷的场所。

但也有相当多的研究发现，网络游戏，特别是角色扮演类的网络游戏，对青少年探索自我认同是有益的。在网络游戏广受青少年欢迎的今天，玩网络游戏已经成为当代青少年宣泄情绪、缓解压力、娱乐身心、塑造自我、实现自我的一种重要方式和途径(黄少华，2009)。一方面，青少年玩家通过在网络游戏中扮演角色，能够探索不同的自我，重塑自我并达成自我实现的需求。另一方面，网络游戏成为青少年同伴文化的一部分，他们通过网络游戏与同伴群体进行互动，分享情感、经验，发展友谊、伙伴等人际关系，获得社会支持与归属感(李君如、杨棠安，2005)。林雅容(2009)认为，在青少年玩家通过线上游戏形塑自我认同的过程中，虚拟世界与现实生活存在酬偿关系，让青少年自虚拟世界中得到需求的满足，以补偿现实生活的不足。

按照心理学家马斯洛的需要层次理论，归属需要是在生理需要与安全需要满足后、主导人们生活的优势需要。如果个体能够从群体中获得强烈的归属感，就会觉得自己获得了肯定和激励，会促使个体认同群体的总体特性，并加倍地为实现这一目标而努力，甚至于在特定的环境下做出一定的牺牲。认同的需要正是源于归属的需要(吴玉军，2011)。个体在社会群体中获得归属感和价值感，成为自我认同的动力，进而影响个体的行为。在认同的过程中，青少年需要与他人结伴，以确认自己的“身份”，找到自己的“归属”。

从这个意义上说，网络游戏不仅是娱乐消遣，更是社会实践。对于留守儿童来说，穿梭于游戏世界能给他们带来有别于现实世界的虚拟生活与互动，产生真切而丰富的情感体验。正是这样的体验，给他们孤单的心灵以情感上的慰藉，给他们单调的生活创造了新的意义，进而对他们的自我认同建构产生影响。本章将探讨留守儿童如何借助网络游戏进行角色扮演与同伴互动，达成自我实现并获得归属感，建构自我认同的过程。

一、角色、幻想与成就感

“角色”一词是社会学和社会心理学的重要概念。社会学理论认为，角色(role)是对群体和社会中具有某一特定身份的人的行为期待，它体现着与人们的某种社会地位、身份相一致的一整套权利、义务的规范和行为方式(波普诺，2011：110)。正如帕克所阐述的：“人”这个词，最初的含义是一种面具……每个人总是或多或少地意识到自己在扮演一种角色……正是在这些角色中，我们互相了解，也正是在这些角色中，我们认识了我们自己。米德(1934)把角色扮演作为获取自我认同的重要方式之一。米德认为，在游戏中扮演他人的角色，有助于儿童获得周围他人的态度，帮助其在与所属群体的关系中确定自身，使自我得到发展。从在游戏中扮演他人的角色变成有组织的成员，对自我意识的发展十分重要。

在线游戏有很多种类型，当前最受青少年欢迎的主要是 MMORPGS(大型多人在线角色扮演类游戏)①和 MOBA(多人在线战术竞技游戏)②。在一个游戏中，青少年玩家置身于在线的虚拟世界中，他们假想为游戏化身或角色去探索游戏世界，与其他玩家交流并发生战斗。几乎每款网络游戏都给玩家提供了多种角色可以选择，每个角色被赋予一定的个性。

陈怡安(2002)认为，在虚拟的游戏中，玩家仅需扮演好自己的角色，便能得到快乐，也能进一步地达成自我实现的满足。翟本瑞(2000)的研究发现，角色扮演的线上游戏满足不同玩家的需求，虚拟社区中的街头小英雄，在玩家的潜意识中成了另类英雄，让人们在不同的虚拟空间中得到不同方式的尊重与肯定，网络的便利性与匿名性能帮助玩家达成自我实现的需求。特克尔(Turkle)把角色扮演网络游戏看作现代生活中特有的自我建构与再建构的社会实验室。对于青少年玩家来说，游戏角色虽然是虚拟的，但并非与现实完全分离开来，游戏角色可能作为一种认同现实人格的积极或消极方面的手段。

1. 亦真亦幻的化身

在游戏世界中，个体不仅是虚拟世界的观看者，还主动参与其中，通过操纵化身来体验不同的角色(如战士或英雄)(P. Vorderer，2000)。换言之，角色/化身是一种“替代性”的自我，它能够替代玩家在游戏世界里从事各种活动。在网络游戏中，玩家可以不受年龄、性别、社会阶层等因素的影响，随心所欲地扮演自己喜爱的角色。

以当下青少年当中最为风靡的一款网络游戏《王者荣耀》为例，这是一款 MOBA 游戏(多人在线战术竞技游戏)，玩家通常被分为两支队伍进行对战，两队在分散的游戏地图中互相竞争，每个玩家都通过一个 Real-Time Strategy (RTS，即时战略)界面控制所选的角色。根据《王者荣耀》官方网站介绍，《王者荣耀》目前共有坦克、战士、刺客、法师、射手、辅助 6 种职业，78 位角色(英雄)。这些角色通常来自历史或神话，不同职业有不同的定位，不同的角色拥有不同的属性和技能。每个角色都有多个主动攻击技能和 1 个被动技能，用户每次上线都可以选择不同的角色展开游戏。作为一款手机游戏，《王者荣耀》对设备要求不高，

---

① Massively multiplayer online role playing game 的缩写。

② Multiplayer Online Battle Arena 的缩写。

只要有一部能上网的智能手机即可，且每局游戏耗时较短，因此对大部分家里没有电脑，课余时间又比较零碎的留守儿童来说具有很强的吸引力，所以在留守儿童当中广受欢迎。

虚拟世界的角色扮演往往与玩家的现实生活有着密切关联。黄少华(2002)等认为，与传统社会中的角色不同，网络空间中的角色扮演是建立在身体不在场和匿名的基础上的，这使得人们在网络中的角色扮演，能够摆脱现实社会利益和规则的约束，充分展示自己的真实情感，呈现出更真实的自己。陈淑惠发现，线上游戏具有“去社会规范”的特性，使得青少年摆脱现实生活中既定的性别、社会角色，或期待打造出另一个新的我。吴小玲(2015：43)认为：“游戏者扮演角色与现实角色是否一致，取决于他对自己在现实生活中的角色是否满意。如果满意，则可能将现实角色搬演到网络游戏中去；如果不满意，则可能在网络游戏中扮演与现实生活中全然不同的角色。”

对于农村留守儿童而言，他们生活在物质、文化都相对贫乏的大山深处，大多对自己的现实生活处境和社会角色并不满意，但是却无力去改变，往往会产生一种无力感和挫败感。然而，在游戏世界中，玩家不仅能够改变角色的外观、技能，更换角色的武器，还能掌控角色的命运。于是，在虚拟世界中，他们或多或少都希望通过角色的扮演获得现实当中缺乏的、渴望得到但不可得的东西，将对自我的想象与期待赋予在游戏角色身上，刻意地重新塑造一个有别于现实生活中的自我。

受访者 M11 是一个瘦瘦小小的男孩，看起来比较腼腆内向。刚上初一的他玩《王者荣耀》有一年多时间了，他说自己最喜欢玩的角色是后羿：

> “我觉得我玩的最好的英雄还是后羿吧，因为后羿比较厉害，给人一种很有力量的感觉。像荆轲这些刺客类的角色我就不太爱玩。鲁班刚开始玩过，后来它技能被削弱了很多，打起来不顺手就不玩了。”(M11)

他告诉笔者，“后羿”这一角色来源于古代传说，属于“射手”职业。这一角色剑眉星目、肌肉发达，拥有“无穷的力量”，攻击性比较强，能给敌人带来较大的伤害值。对于显得有些文弱的 M11 来说，后羿这一角色体现了他对于力量的一种想象与期待，扮演这一角色能让他在游戏按照自己的期待重新塑造自我。

角色能反映出玩家对自己的社会角色期待。如玩家 F12 在《王者荣耀》常玩的角色是蔡文姬，这一角色的职业是辅助。蔡文姬最主要的技能是“回血”，能够给战队里的其他战友提供保护。而 F12 之所以偏爱扮演蔡文姬这一角色，是因为这一角色的职业特性正是她想要成为的自我。

> “爷爷奶奶身体不太好，经常生病，我就想以后当了医生能更好地照顾他们，还可以帮助其他的人。蔡文姬的形象比较可爱啊，她能帮助队友回血，感觉有一点像医生吧，总之在队伍里面很有用。”(F12)

可见，无论角色/化身展现的是玩家想象的自我，或者更真实的自我，我们都不能忽略游戏角色扮演对留守儿童自我认知与建构的影响。

2. 虚实交错的身份

对于青少年来说，网络环境是体验不同身份，扮演不同角色，探索不同自我的理想场所。特克尔(1999)指出：“线上游戏提供玩家变换身份的机会，‘身份’的变更没有地域的限制，当个人开启了新的视窗，新的身份就随之展开，而人们也随之给予新的认同。”①但如此这般，如果在游戏中不停地变换自己的身份，是否会给留守儿童带来身份认知的困惑呢？

笔者在研究中发现，在《王者荣耀》这类游戏中，玩家每次进入游戏都可以尝试不同职业不同角色，留守儿童玩家在游戏中通常都尝试过多个角色，但他们一般都会有自己“玩得比较顺手”“比较喜欢玩”的角色。

> “我是去年买手机以后开始玩王者荣耀的，玩了有几个月吧，我用过好多角色，后羿、妲己、鲁班、兰陵王这些都玩过，刚开始玩时每次都想换不同的角色，觉得都想体验一下。但玩到后来，还是玩射手和法师比较多，现在经常玩的是后羿。”(M12)

即便换了一款游戏，他们还是倾向于选择相同类型的角色进入游戏世界，对

① Turkle, Sherry. 1999. Looking Toward Cyberspace: Beyond Grounede Sociology: Cyberspace and Identity. Contemporary Sociology, 28(6): 643-648。

自我的选择和喜好比较坚持。例如同时玩《王者荣耀》和《穿越火线》的M10：

> “我在《王者荣耀》中的角色是战士，在《穿越火线》中的角色是狙击手，都是攻击性比较强，比较厉害的角色。”(M10)

吉登斯(1999)指出：“行为举止深受多元文化环境之影响。个体不仅要时刻准备在公共场合与他人互动，保证其行为举止符合日常活动的某种普遍化准则，而且还必须在不同场景和地点保持适当的行为。实质上，个体依据特定场景之具体要求，既要调整期外表体征，也要校准其行为举止。这个事实使得某些作者认为自我在本质上已经分裂，即个体要发展出多元化的自我，却丧失了自我身份认同的内在核心……事实并非如此。在诸多不同的互动情境中保持稳定的行为举止恰恰就是保持自我身份认同连贯性的主要手段之一。”①留守儿童们在经历过扮演不同的角色对自我进行探索之后，仍然会倾向于建立一个相对比较稳定、具有一定的连续性的虚拟身份。

在网络游戏中重塑的虚拟身份能够消解留守儿童现实身份体验，获得虚幻的平等感，但是也可能导致他们痴迷于重复这一体验，造成他们无法区分现实和幻想，陷入沉溺的泥潭。

二、游戏情境与性别实践

性别并非与生俱来，男性、女性的差异更多是被社会和文化建构的。社会性别身份决定了社会如何看待男人和女人，以及期待他们如何去思考和行动。儿童社会学认为，在儿童社会化的过程中，他们学习性别角色规范的主要对象是自己的父母。由于留守儿童们大多从小就不在父母身边生活，他们缺少性别模仿和学习的对象，对于性别的认知主要源于媒介，如电视节目等。电视节目，尤其是留守儿童比较偏爱的卡通动画片和广告中，充斥着大量的性别刻板印象，这对留守儿童的性别角色认知产生了巨大的影响，使得他们的性别角色认知倾向于高度刻板化。这种基于媒体形成的性别认同影响着留守儿童的网络游戏实践，反之，网络游戏实践使他们获得性别经验，再次形塑他们的性别认同。

---

① 吉登斯. 现代性与自我认同. 夏璐，译. 北京：中国人民大学出版社，2016：92。

1. 游戏偏好与性别

长期以来，人们已经认识到不同的性别会导致不同的媒介使用行为。在关于青少年游戏行为的研究中，有研究者指出，玩电脑游戏不仅复制了性别化的行为与态度，同时亦凸显并强化了两性间的差异。长久以来，电玩一直被视为是男性活动，男孩借由打电玩来发展与维护男性认同，甚至培养电脑技巧与未来的职业希望(Beavis，C.，1998)，女孩则被排挤在电脑游戏之外。

Backingham(2002)指出，电子游戏实践和性别社会化(gender socialization)有密切关系。当电玩与"阳刚性"画上等号时，男孩、女孩借由玩/不玩电玩来建构男女特质，并画出男/女之间的界线。相关研究显示，男生比女生热衷于电脑游戏，不论是玩游戏的时长、频率和卷入程度，男生都明显超过女生，且性别差异也影响到玩游戏的风格和游戏类型的选择(Chu，K. C.，2004)。

如图8-1、表8-1显示，在笔者调查的336位留守儿童中，"经常"和"总是"上网玩游戏的男生达到26.2%和9.8%，而女生仅为8.5%和2.6%。男生和女生在P≤0.000水平上具有显著差异，男生比女生玩网络游戏更为频繁，这进一步印证了以往的研究结论。

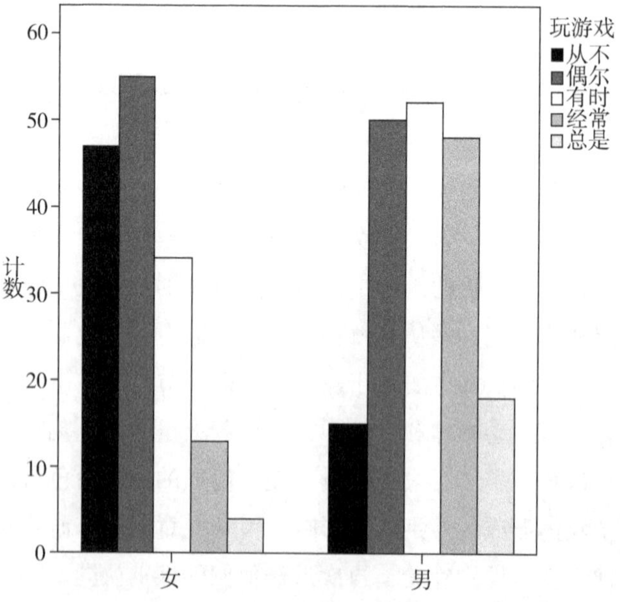

图8-1 男生、女生网络游戏的频率图(N=336)

表 8-1　　留守儿童网络游戏频率的性别差异 T 检验($N=336$)

		方差方程的 Levene 检验		均值方程的 T 检验			
		F	Sig.	*t*	df	Sig.(双侧)	均值差值
玩游戏	假设方差相等	0.976	0.324	-7.208	334	0.000	-0.8585
	假设方差不相等			-7.257	330.447	0.000	-0.8585

有研究者分析了女性玩家比男性玩家少的原因，陈淑惠指出，虚拟世界对于不同性别使用者的态度大为不同。对于女性而言，是一个较受敌视的环境，女性会在此环境中感到受到伤害，这使得他们投注在虚拟世界的时间比男生少。Lucas，K 和 J. L. Sherry，(2004)认为，因为缺乏在游戏内获得社交性的满足，如感受到属于团体内一分子的归属感，以及感受到温暖与被爱的情感等，造成女性玩家跟男性玩家相比，参与游戏的频率较低。

在“男女有别”的社会文化环境中，受到社会性别角色期待的影响，留守男童与留守女童发展出对网络游戏不同的认知与偏好。在受访的留守儿童中，大多数男生都表示了对网络游戏的喜爱。他们倾向于选择动作攻击类的游戏，以此展现他们在技术上的优势，以及强有力的、富于攻击性的男性特质，建构其“男子气概”认同。

“最喜欢玩的是穿越火线，男生嘛就喜欢玩枪战类的，穿越火线就属于枪战游戏。我觉得王者荣耀比较虚拟，不怎么真实，感觉不怎么好玩。平时我们会组队，邀请同学来一起打。是两方拿着枪打枪战，是玩技巧的。我们男生就喜欢玩刺激一点的枪战，比较真实，而且需要互相配合。”(M10)

在对游戏的选择上，她们大多数表示对动作攻击类的游戏没有“太大兴趣”，更倾向于玩《开心消消乐》之类的休闲益智类游戏。

问：你平时玩游戏吗？喜欢玩什么样的游戏？

F7：玩的，我喜欢玩赵丽颖代言的《开心消消乐》。我们女生会比较喜欢玩一些益智类的游戏。

问：玩《王者荣耀》吗？好多同学都喜欢玩这个。

F7：我不玩《王者荣耀》的，我们班上男同学喜欢玩，可以说男同学没有不玩的，而且玩得很起瘾。

问：一般什么时候玩游戏？

F7：我每天中午和晚上都会玩一下，但不会玩太久。

从F7的回答中，笔者发现留守女童有着清晰的性别意识，对哪些游戏是男生玩的，哪些游戏是女生玩的区分非常明确。显然，休闲益智类游戏更符合社会对女性的期待，能展现出与男性不同的温柔、文静、友善的女性气质。F9和F11的讲述也体现了这一点：

"我原来试过玩《王者荣耀》，但是我不会玩，就觉得没意思了，就没玩了。可能我不喜欢这类游戏。我比较喜欢在电脑上玩一些休闲小游戏，比如说《屁王兄弟》，就是一个放屁找宝藏的游戏，可以玩双人的，他们说太幼稚了(笑)。"(F9)

"我玩过一些，就是《开心消消乐》啊这种消除的游戏，《王者荣耀》我看同学玩过，都是男同学在玩。我觉得我玩不来这种游戏，对它们没有太大兴趣。"(F11)

由于男孩女孩偏好的游戏类型不同，他们对角色的选择和认知也不同。男孩更看重角色的能力，比如M7就强调自己在《王者荣耀》里面喜欢玩嬴政、后羿、赵云这几个男性角色，因为"他们很暴力，能力比较强"。而女孩更注重角色的外貌与穿着，比如F10在《王者荣耀》中比较偏爱女性法师安琪拉，因为"她的打扮很可爱"。

2. 游戏风格与性别

性别差异除了影响游戏类型的选择，也影响着青少年的游戏风格选择。青少年之所以愿意投入网络游戏，是因为游戏带来的愉悦感。林宇玲对边远地区儿童电玩实践的研究发现，男孩玩游戏追求的是如何击败对手成为英雄，享受游戏带来的主宰感和征服愉悦，女孩则以沟通、幻想为主，偏好较少暴力的游戏，享受游戏带来的情感和宣泄愉悦(林宇玲，2008：217-222)。

在留守儿童玩家中，男孩玩网络游戏的体验是重视的是竞争和成就。男孩一般更看重自己的游戏技能在同伴群体中是否卓越，级别、位次是否比别人要高。在竞技对战类游戏中，男孩甚至会为了维护自己在游戏中的权益，而将一些游戏技能不佳的同伴排挤出团体，并不考虑是否会伤害彼此的友谊。

每款网络游戏都有自己的成就系统。以《王者荣耀》为例，玩家在游戏内探索模式、对战模式等多种模式中可以达成不同的成就；达成成就可以积累成就点数，参与全区成就点排名。每达成一个成就都会获得相应的钻石奖励。《王者荣耀》共有青铜、白银、黄金、铂金、钻石、王者六种段位，玩家可以通过参加排位赛提升自己的段位。当谈起正在玩的游戏时，男孩们一般会下意识地先提起自己在游戏中的级别和段位，他们把在游戏里取得的成就作为巩固和提升自己在同伴群体中声望的一种“资本”。

> “我在王者里会打野(到野外打怪赚钱)，但是更喜欢拿人头(杀人)，经常单排(排位赛的一种玩法)。其实单排真的非常痛苦，但是赢了以后感觉特别爽，能证明自己真正的实力。”(M7)

《穿越火线》玩家、受访者 M10 不无自豪地提道：“CF 游戏满级是 150 级，我现在是 62 级，我的同学中玩得好的也就是五六十级。我在同学中也算是高手了(笑)。”另一位受访者 M6 在《王者荣耀》里的段位是铂金，他略有些失落地说：“我本来上个赛季是钻石的，这段时间没怎么玩就掉下来了。”

男孩们还会在 QQ 空间展示在游戏中获得的成就。M14 的 QQ 空间每隔几天就有一次更新，里面大多是玩《王者荣耀》的一些动态，如游戏获胜、更换了新的皮肤、战斗画面等(见图 8-2)，而 M10 的空间也有不少《穿越火线》和《绝地求生》的游戏动态(见图 8-3)。理由是“赢了或者排位上升了比较开心，就想在空间里分享给好友看看。”(M14)

图 8-2　M14 空间的游戏动态

120人，绿州大地图！四人，但只有我一人，还拿到了第一^o^
http://qqadapt.qpic.cn/qqshare/0/××××××....

图 8-3　M10 空间的游戏动态

女孩玩网络游戏重视的是人际关系和情感。由于性别特质等因素，女孩似乎在动作类游戏上不如男孩有天赋。于是，很多女孩玩王者荣耀等动作类游戏，往往是在一个男性同伴讲解和示范的情况下开始的。

“刚开始玩《王者荣耀》的时候，我什么都不会，就让隔壁的哥哥教我。”(F13)

与两个弟弟在一起生活的F9把和弟弟们一起玩益智小游戏当作增进亲密情感的方式。

“我觉得玩这些感觉会和弟弟们的关系好一点吧，我挺喜欢的，弟弟们也挺喜欢的，感觉和他们一起玩还是很开心的。”(F13)

在留守儿童玩游戏的过程中，性别化的行为被一再复制，但有时候也并不是绝对的。以性格比较直爽的F10为例，她是受访者中较少坦言喜爱玩《王者荣耀》的女孩之一，她向笔者讲述了自己的游戏经历：

“我之前曾经玩过‘仙剑手游’‘一起来飞车’等好几款网络游戏，但玩得最久的是《王者荣耀》，玩了以后就觉得真的比较好玩，觉得那些英雄好酷。我不喜欢玩‘天天爱消除’之类的游戏，太幼稚了。”(F10)

孩子们也不一定完全选择跟生活中的性别一致的角色。比如，F10在玩《王者荣耀》时，也会经常选择男性射手角色后羿去闯荡游戏世界。通过玩动作类游戏游戏，留守女童不仅跨越了性别的界限，也产生了流动的认同，有助于她们重新思索“女性特质”的意涵(林宇玲，2008：223)。但留守男童在游戏中较少从事跨性别行为，因为这通常会遭到同伴的奚落。

“之前尝试过一次，但一般不会选女的角色玩，因为如果被发现是‘人妖’会很‘丢脸’。”(M15)

同时，男生玩网络游戏被认为是天经地义的，而女生玩游戏则被视为是“不光彩”的行为和离经叛道的表现，因此，受访的留守女童都表示，自己一般不会在公开场合谈论游戏，也不会在空间中分享与游戏有关的内容。

通过上面的分析可以发现，媒介传递出的高度刻板化的性别形象对留守儿童的性别建构产生了深刻的影响，使他们的性别角色认知倾向于与“男强女弱”“男主外女主内”等刻板化的描绘相一致，这在他们的网络游戏偏好、游戏风格等方面都得以展现。此外，值得注意的是，网络游戏作为文化工业的产物，在制作过程中早已按照主流规范预先设定了性别角色。以游戏角色的外形为例，在大多数网络游戏中，女性角色“窈窕性感”，男性角色“身强体壮”，他们的动作、技能等设定往往也体现着二元对立的性别观。于是，在网络游戏实践中，留守儿童的性别刻板化再次被强化。

三、网络游戏作为交往媒介

麦克卢汉认为：一切游戏都是人际交往的媒介。“近朱则赤，近墨者黑”，作为青少年成长过程中的重要他人(significant others)，同伴群体是青少年在日常生活中接触最为频繁的群体，最容易成为青少年观察和模仿的对象，被认为是影响青少年社会化的重要因素之一，也是帮助青少年发展自我认同的一种重要资源。由于在社会化过程中家庭功能的“弱化”，同伴群体在农村留守儿童生活中的影响变得尤为突出。网络游戏为农村留守儿童的社会交往和同伴互动提供了一个新的场域。张玉佩指出，线上游戏经验的欢愉体验，主要来自于“游戏规则带来明确的成就快感”与“借由游戏而产生的人际互动乐趣”两个方面，而后者对青少年玩家的吸引力更大(张玉佩，2009)。

青少年时期是个体建立身份和自我认同的时期，也是从“自我中心”到“去个性化”的时期，积极寻求认同，唯恐成为被团体所拒的“圈外人”是青少年普遍的心态(李丽真，1994)。于是，在同伴压力(peer pressure)的影响下，留守儿童在行为举止上都倾向于与同伴群体成员保持一致。这种一致性在媒介接触和使用行为上的具体体现，就是听什么歌，看什么电视剧，玩什么游戏都要和同伴群体成员一致。因此，同辈情感资源的需求与获取，被看作是青少年玩线上游戏的主要原因(张玉佩，2013)。许多研究证实，青少年将网络游戏视为一种同辈群体之间的社交活动，游戏世界里，玩家不止可以征服地理空间隔阂、延伸现实同侪情谊的发展，亦可透过游戏中介沟通而发展新的友谊、形成游戏诠释社群(张玉佩，2009)。李君如(2005)等认为，玩家能在线上游戏的空间中，进行自我表演，进而发展人际关系，取得社会支持及归属感。

对于生活在农村留守儿童而言，由于农村的“空心化”和乡土文化的衰落，原有的村庄公共活动空间萎缩，放学后，他们几乎没有与同伴群体一起休闲玩乐的场所。一般的乡镇也并无少年宫、电影院、游乐场、公园等设施和场所，这使得他们与城市儿童相比，少了许多日常娱乐活动的空间。但同时，他们也无需如同城市儿童一般在钢琴、英语、奥数等各类培训班之间奔走，课余可自由支配的闲暇时间相对较为充裕。这样的前提下，网络游戏便顺理成章地成为他们与同伴共享的主要活动之一。本节将讨论留守儿童如何通过网络游戏融入同伴群体，发展同伴文化并借此获取归属感和建构身份认同。

1. 结伴而游

已有研究者注意到网络游戏对青少年同伴交往的影响。佐斌等(2010)的研究发现，青少年在游戏中能获得同伴的关爱和支持，同伴交往已成为青少年玩网络游戏的主要动机。网络游戏为青少年提供了一个人际交往的平台，在线上，青少年可以通过游戏与他人展开互动，在线下，网络游戏成为青少年社会活动的焦点和相互交谈的话题。对游戏的共同爱好形成了青少年间的谈话背景，对游戏的个人经验构成了谈话的主题（Robert Zheng，Jason J. Burrow-Sanchez & Clifford J. Drew，2014：175）。作为青少年一种重要的媒介实践，网络游戏嵌入了青少年的日常生活，在某种程度上参与同伴文化的构成，对自我认同的发展产生重要影响。

张玉佩(2009)认为，通过人际沟通所产生的乐趣对青少年玩家的吸引力更强大。网络游戏为日常社交圈比较狭窄的留守儿童提供了一个全新的人际交往空间，对于他们而言，网络游戏不仅是打发时间、休闲消遣的一种娱乐活动，更是一种重要的社交活动。通过游戏世界里的人际互动，他们能够融入同伴群体，巩固与现实生活里的同伴友谊，还能发展出新的友谊。

作为一种分享性的集体活动，“一起打游戏”对青少年来说，是一种发展友谊、巩固关系的方式，且能获得特有的愉悦体验。几乎所有的受访留守儿童接触网络游戏，都有现实世界同伴的陪伴。首先，留守儿童在一定的情境中，为了避免被同伴“边缘化”而接触网络游戏。其次，留守儿童不仅将游戏视为娱乐活动，更将游戏作为一种社交活动。当他们进入游戏世界后，不仅将游戏纳入自己的生活作息，更将它带入现实中的同伴群体中。最终，网络游戏成为留守儿童日常生活的一部分，并影响了同伴文化的发展。

笔者在研究中发现，留守儿童的游戏行为受现实中同伴群体的影响较大。几乎没有一个孩子是独自到游戏世界中“闯荡”的。好几位受访者提到，自己第一次玩游戏都有人“带”，而“带”他们进入游戏世界的，大多是他们现实生活中的同伴，如同学、兄弟姊妹或邻居等。“带”在这里具有双重含义，一是指引，“带路”之意；二是“教”，“指导”之意。

> “我第一次玩《穿越火线》①是在去年 9 月份，我过生日的时候，一帮同学在一起玩，一个同学跟我说他在玩这个游戏，我才开始玩的。刚开始玩时都是他带我。”(M10)
>
> “最喜欢玩的是《王者荣耀》，每个星期回家都要玩几把。可能是受我们班同学影响吧，他们带我开始玩的，然后自己玩着还很有意思。”(M3)

受访者 F12 坦言自己本来并不喜欢玩网络游戏，是因为朋友的关系才去玩的。

> “我玩过《王者荣耀》《节奏大师》啊这些，都是他们带我打，我‘坑’的很，他们教我打。他们是村里和我差不多大的娃娃。”(F12)

同伴群体左右着留守儿童玩家对游戏的选择。如果同伴放弃一款游戏投入另一款游戏的话，自己一般也会跟随。这在留守儿童玩家当中是一个普遍现象。M4 本来之前玩的是另一款网络游戏，在同学的影响下开始玩《王者荣耀》。

> “我之前玩的是《穿越火线》，但看到身边的很多同学都在玩《王者荣耀》，喊一起去，然后我就去玩了。自己玩了之后觉得很有兴趣，就一直在玩，现在已经打到铂金段位了。”

① 一款射击类游戏，英文名为 CrossFire，通常简称 CF。

本来是《王者荣耀》玩家的M13最近又体验了另一款游戏《绝地求生》[①]。

“我觉得吃鸡游戏没有王者好玩，但最近朋友们都在玩，就玩玩看了。”

同伴群体影响着留守儿童玩家对游戏的卷入程度。如果身边的朋友、同学都在玩某一款游戏，并且经常结伴一起玩的话，玩家对游戏的卷入程度就更深。而一些玩家因为“没有人带”，便放弃了游戏。

“我的朋友们都打《王者荣耀》，我也玩过。刚开始玩的时候，我不会，就让隔壁的哥哥教我，我只打了两三次，都是几分钟就死了，他不耐烦教我了，我不会玩就没玩了。”(F13)

“在《绝地求生》里面不会‘落地成盒’，技术一般，这个也是听同学说好玩，还有看哥哥玩过，觉得很好玩，就下来玩了，但是哥哥不带我玩，因为他是高手，觉得我技术太渣了不带我玩。我就又回去打《王者》了。”(M16)

不少留守儿童都是在同伴压力的影响下开始玩网络游戏的。虽然同伴们不会逼迫他们去玩游戏，但是为了免于被同伴群体排斥，使自己融入同伴群体，找到归属感与认同，他们往往没有任何抵抗便加入其中。进入游戏世界之后，借助与同伴群体交流游戏经验，在游戏中进行战斗组织、角色互动等活动，留守儿童与同伴群体有了更多的沟通与互动，增进了现实生活中的友谊。

基于网络游戏的同伴互动形式有多种类型，笔者以线上和线下两个不同的互动空间来进行区分展开分析。

李家嘉(2002)把网络游戏中的人际互动行为归纳为四种类型：一是合作，玩家之间可以组队，一起在游戏世界中冒险；二是交换，玩家彼此可以相互交换虚拟道具，或在有条件下给予其他玩家虚拟道具；三是对立，在游戏中的对立为可能是玩家向其他玩家下战书要求决斗，以争取游戏中的有利地位为目的，例如获胜的一方可以获取游戏中的经验值；四是聊天，游戏进行时，玩家可以和其他玩

① 一款战术竞技型射击类沙盒游戏，玩家通常称之为“吃鸡”。该游戏中，玩家需要在游戏地图上收集各种资源，并在不断缩小的安全区域内对抗其他玩家，让自己生存到最后。

家对话，以增加游戏的互动性及有趣性。近年来在青少年当中流行的对战类游戏，玩家必须要组队才能进行游戏竞技。以《王者荣耀》为例，根据该游戏的设定，一个战斗队伍需要5位英雄。一支战斗力强的队伍，对不同职业的搭配是比较讲究的，需要有稳定的阵容。一个固定的队伍组合，在战术、配合等方面显然比随机组成的队伍具有明显的优势，在战斗中获胜率更高。

> “我在《穿越火线》里一般玩辅助和狙击手，基本上都是跟同学一起玩，有时候也会匹配陌生人一起玩。我更喜欢和同学一起，因为大家比较熟悉，更好玩。”(M10)
>
> “一般有朋友找我就和他们组队玩，没有人找我就自己玩。都是和现实中的朋友一起组队玩，感觉和朋友们一起玩更有意思。”(F10)
>
> “我家有网，他们都喜欢去我家耍，就说来开黑，一起打。我本来都不喜欢玩游戏的，他们都说好玩，喊起一起玩。都是喊起一起耍，我才耍。”(F12)
>
> “比较喜欢大家一起玩，和关系好的人就可以开语音了，一个人不好玩，大家一起更好玩。同学们不在线的时候，我就一个人玩。”(M16)

青少年玩家的社交需求成为游戏开发商眼中的商机，一些游戏商对游戏的社交功能进行了强化。如《王者荣耀》就推出了好友系统，通过好友系统，玩家可以在游戏中添加别的玩家为自己的好友。根据游戏设定，玩家在竞技时可以通过好友系统快速要求自己的好友组队。好友之间经常组队竞技会积累亲密度，亲密度满足一定条件后，玩家之间可以建立“基友”“情侣”等关系。与好友相对应的是黑名单，添加到黑名单的玩家就不能一起组队竞技。强大的社交功能显然增强了游戏对玩家的吸引力。比如受访者M5玩过《天天酷跑》《节奏大师》《穿越火线》等游戏，但还是表示自己最喜欢玩《王者荣耀》，“因为上面和朋友交流比较方便”。

游戏直播是从网络游戏中衍生出来的新的互动形式。M14是《王者荣耀》的钻石玩家①，每到周末、假期，他就会使用“触手”软件直播游戏，分享游戏的乐

① 《王者荣耀》游戏等级分为青铜、白银、黄金、铂金、钻石、王者六个段位，钻石相当于中高级别。

趣。对于这样的玩家来说，更多的共同参与者能增加其成就感。他说道：

“周末有时间打排位赛，就想直播给大家看。每次直播我都会分享在QQ空间里，我的朋友很多都打王者荣耀的，所以每次都有很多人看，最多的时候有三四百人，感觉自己玩得还可以吧。”(M14)

游戏带来的同伴之间的互动，并不仅限于在虚拟世界中。留守儿童与现实中的同伴不只是一起结伴玩游戏，与游戏相关的话题还会成为彼此间线下社交讨论的对象(张玉佩，2013)。比如M5在现实中的性格比较内向，平时跟同学、朋友没有太多话聊。但是自从接触网络游戏以后，“经常会跟同学、朋友一起玩游戏或者讨论游戏，讨论怎么单挑”。绝大多数受访者亦表示，在线下会或多或少地跟朋友讨论交流游戏经验。

“下课时会和同学一起讨论游戏，讨论怎么拿人头，装备铭文都会讨论。如果上一盘的游戏没玩好，还会被他们吐槽说自己太菜。”(M7)

2. 与陌生人同行

如前文所述，相对于现实世界，人们在网络上更容易与陌生人接触。对于绝大多数农村留守儿童来说，他们不存在地理上的流动性，日常生活圈子比较狭窄，学校以及自己居住的村庄是他们遇见和结交朋友的主要场所。也就是说，他们的人际交往主要是基于血缘、地缘、学缘的“熟人”互动，和陌生人发生互动的机会很少。戈夫曼(1961)指出，游戏是一个不同于外部世界的互动情境，在游戏情境中，行动者将专注力集中于游戏内部的互动里。网络游戏为留守儿童提供了一个营造了一个特殊的交往场域，在这里，他们与陌生人相遇、合作、战斗，发生着各种各样的联系，甚至建立起比较亲密的朋友关系。

有研究者对《王者荣耀》进行体验式观察后发现，在一个陌生的环境中，通过系统匹配，原本不认识的人在一起战斗。在战斗中的交流和互动，以及合作关系，能拉近玩家与玩家之间的心理距离(田丰，2017)。玩家与陌生人之间，通过组队合作，在战斗的过程中进行互动，如果相互认可对方的能力，就会互加好友，一起投入后面的游戏。

"平时玩游戏哪一局玩得好的话，会有陌生的队友邀请我再一起来一局，有些人还会直接加我的QQ，我会同意他们的好友申请。不过很多都不说话的，只有一两个有时候打游戏看到在线了，就一起聊一下游戏，然后一起开团。"（M3）

"我觉得组队一起玩挺好耍的，开始和人家一起玩，一玩一玩的就成了游戏好友，成了游戏好友，就一起开黑。"①（M13）

玩家在从陌生人成为游戏好友之后，随着彼此在游戏世界里的互动次数增多，彼此之间的熟悉程度逐渐加深，他们还有可能成为社交媒体好友，联系变得更为紧密，交谈也更为深入。

"游戏里会有人加我好友，也会有人邀请我再打一把，有时候会再玩。加我的人有时候会同意，因为玩的时候比较好，玩得好的才同意。加的人后来也会聊天，认识了几个算是朋友吧。"（M12）

"玩游戏时有时匹配到的一些陌生人，如果觉得有共同爱好就会加上QQ，下次还约着一起打。有时候不玩游戏，也会聊聊天，聊聊生活中好玩的事情。比如说今天在学校里发生了一件有意思的事情，或者看了一个搞笑的视频，都会聊。"（M10）

跟现实生活相比，网络游戏能让留守儿童能更快速地获得友谊，获取现实生活中稀缺的情感、陪伴等支持，但是游戏好友之间的交往往往停留在比较浅的层次，因为彼此不熟悉对方的文化背景和生活环境，在游戏之外并没有太多共同话题可以交流。

---

① 开黑，指玩游戏时，组成一队的玩家用YY语音等聊天工具进行即时交流，流行于各类对战游戏中。

“有些真的没意思得，没得话题得，因为互相不了解。可能有些朋友还可以吧，因为可以从他聊天的语气看得出他是怎样的人，但是又没有太多时间去了解。”(M13)

并非所有玩家都能够顺利地通过游戏与陌生人结为好友，游戏世界的人际交往也有自己的规则。如果游戏技能还不错，就比较容易交到朋友，而如果游戏水平比较差，往往会被其他玩家排斥。

“我喜欢和陌生人组团，如果一起打过，觉得他打得还可以，他加好友，邀请我再打一把的话，我应该会同意。”(M11)

“王者荣耀里会有人申请加我，但是我都不同意，他们打得太烂了，虽然我自己打得也不算好。”(M7)

除此之外，网络游戏中的交往还受到性别影响。女性玩家通常比男性玩家更容易发展人际关系。

“我在游戏里加好友别人经常不通过，但女同学加好友就比较容易，有时候觉得一点都不公平。”(M6)

与现实中的同伴一起玩游戏，能巩固留守儿童在现实生活中的社交圈，获得认同感，对提升他们社会交往能力也有一定的积极作用。这在上一节中已有论述。但张玉佩亦指出，“游戏空间如同传统社会里的庙口或者杂货店门口一样，是吃饱饭，闲暇时必逛的活动空间，是因为长期固定出现在同一场域才慢慢熟识……玩家固定前往游戏空间闲逛而结交新的朋友”。尽管网络游戏已经成为留守儿童，尤其是男性留守儿童一种重要的社交活动，但他们在游戏里交往的对象，大多是现实生活中认识的朋友，或者朋友的朋友、同学的同学等基于现实社交圈发展出来的关系，而非真正意义上的“陌生人”。

“我有很多同学玩王者荣耀，大部分时候是和他们一起玩，我也喜欢和

他们一起玩，也有平时不熟的其他班的同学。很少和陌生人组队，看够不够五个人吧，不够的话才会和陌生人组队。”(M12)

性格偏内向，在生活中不爱说话，不善于社交的M1，在游戏世界中仍然喜欢“独来独往”，社交状况并没有多大改观。

“打游戏的时候，我喜欢自己单独去推塔①，不喜欢团战，只玩过后羿一个英雄。有时候会有人加我，我也会同意，但是都是用别人的QQ号加的，加了也不会聊天。”(M1)

可见，在网络游戏这个跨越时空、平等开放的场域中，留守儿童有了更多接触陌生人的机会，但是网络游戏对留守儿童玩家社会网络的拓展作用是有限的。留守儿童对人际交往的认知与行动都受到了现实生活中的社交圈层等因素影响，作为行动者的他们，即便在游戏世界中，也很难摆脱外在结构的影响，会下意识地去寻找那些跟自己相似的人结伴或组成社群。他们在游戏里结交的朋友基本上都是一些爱玩游戏的中学生，或者是年龄相近的社会闲散人员，而且交往趋于浅层化。

3. 消费的快感

消费主义文化对青少年价值观产生了较大的影响。在“确切的时候”，拥有“恰当的东西”，能够帮助青少年应对同伴压力，与同伴保持一致、获得同伴认可(K. J. Isaksen, S. Roper, 2012)。因此，感受到来自同伴文化压力的个体会采用追求物质的方式来降低同伴压力、得到同伴的认同和接纳。有研究发现，同伴文化压力可以通过影响个体对追求物质主义的社会动机的认可，进而影响物质主义价值观。这种社会动机的认可是指个体认为“正确的品牌”“炫酷的物品”在多大程度上能够帮助其赢得同伴们的欢迎和接纳。因而青少年感知到越多的同伴文化压力时，其物质主义价值观水平也会越高(蒋奖、梁静、杨淇越、克燕南，2015)。这种心理也投射到了网络世界。

① 游戏术语，即通过推倒对方的防御塔，获得比赛的胜利。

相较于现实社会，网络世界中的物质欲望显然更容易得到满足。在游戏世界中，拥有更好的武器、更好的装备意味着自己能得到他人的尊重和更高的地位。而只有自己的能力和成就被同伴认可时，自我才能感到有价值。一般来说，游戏角色使用的武器、装备等既可以在游戏中通过战斗获胜实现，也可以在游戏商城购买获得。通过战斗获得需要付出大量时间成本，而直接购买显然是一个更便捷的方式。现实生活中的受挫使得留守儿童更渴望得到他人接纳，为此，相当多的留守儿童选择在游戏中充值购买武器和装备。

"我买过王者荣耀里的皮肤，买不起太贵的，只能买便宜的就是288①那种。也没想太多，就是想给英雄安个皮肤②，让它与众不同吧。"(M13)

由于留守儿童的父母长期在外地打工，收入比在本地务农要高许多。再加上他们平时不能陪伴子女成长，心生愧疚而产生一种"补偿"心理，尽可能地在物质上满足孩子的要求。父母这种额外的"关爱"使留守儿童手头往往比非留守儿童更"阔绰"，这就给他们的游戏消费创造了前提条件，如受访者 M12 就提道：

"爷爷妈妈给我的零花钱一个星期有 30 块，平时在学校也没有什么花钱的地方，我就往游戏里充钱了，充了钱可以买自己想要的东西。"(M12)

鲍德里亚(1970)认为，消费社会中的商品已经消失了商品原有的使用价值，商品变成了符号。在消费社会，个人通过"炫耀性消费"获取声望、身份和地位。从受访者的讲述中，留守儿童在网络游戏中的购买各类物品，看重的并非这些物品提升角色技能等方面的实用功能，而是这些物品的象征意义。一个人消费的商品越多越贵，在游戏中就越有地位。

"我以前在王者里面充过 70 多块钱的点券，换头像，换名字，买皮肤买英雄人物。我想主要是因为现在的很多学生都有一种心理，就是要让自己看

① 288 点券，相当于 28.8 元人民币。
② 皮肤是《王者荣耀》游戏里英雄的一种装饰，每个皮肤有一定的属性。

起来特别的'高大上'。因为自己那时候也有那种心态，人家都有那么好的装备，那么好的头像，有贵族标识，我也要有，有贵族标识好酷啊！只是说想让自己在别人眼里看起来比较酷炫，就买了。钱是爸爸妈妈给自己的零花钱，存下来的。"(F10)

借助游戏中的消费行为，留守儿童将现实生活中的经济资本转化为线上可资炫耀的社会资本，以期在虚拟世界中摆脱自己弱势的形象，获得价值、意义与快感，同时提升自己在同伴群体中的声望和地位。

从上述分析中我们可以发现，网络游戏以及由网络游戏而产生的各种互动实践，丰富了农村留守儿童的同伴文化，促进青少年社交需求的满足，给单调的农村留守儿童带来了现实生活中难以获取的成就感与归属感，但也可能造成网络沉迷以及价值观偏差。

四、沉溺、自制与挣扎

早期关于儿童对媒介"成瘾"现象的研究曾经发现，"过度"的媒介使用，有可能是由于家庭不和睦或其他个人问题所导致。媒介使用常常是对社会生活的一种补偿，对心里苦闷的一种慰藉(丹尼斯·麦奎尔/刘燕南等译，2006：127)。以往关于留守儿童网络使用的研究认为，留守儿童对网络的迷恋程度比非留守儿童要高，逃课上网的比例也高于非留守儿童，留守儿童迷恋上网对其人格的发展影响很大，有的留守儿童在网络影响下，性格变得孤僻、偏执(叶敬忠、潘璐，2008)。

在现实生活中，留守儿童往往会面临着许多烦恼与压力，如亲子分离、学习成绩、生活琐事、家人期待等，有些问题常常一时难以找到解决的途径。他们跟非留守儿童不同，身边没有可以随时求助的父母，而是往往需要独自面对和解决这些问题。由于父母在家庭生活中的长期"缺席"，一方面，留守儿童遇到压力时难以得到有效的社会支持，网络游戏成为他们排解焦虑和压力的一种方式；另一方面，他们对亲情的渴望得不到及时有效的满足，转而在虚拟世界里寻找一种替代，网络游戏便成为一些留守儿童的情感寄托。这种现实生活与虚拟生活的重叠，会强化他们对网络的依赖性，不仅可能使他们在交往中更加沉迷于网络游戏，还会造成社会资本的弱势积累(管成云，2017)。

1. “管”还是“不管”

对于农村留守儿童群体而言，家庭和学校是他们的主要活动空间。那么，家庭和学校是如何规范他们的上网及游戏行为的呢？

农村学校对学生使用手机的管理是比较严格的。在笔者调查的三所农村初中，教导主任或校方其他负责人均表示，学校不允许学生带手机到学校使用，还会定期突击检查学生宿舍，瓮安县 A 中学曾经在一次检查中就收了 300 多部手机。湄潭县 C 中学的教导主任魏老师告诉笔者说：

> “不管不行，学校的留守儿童多，在家本来就没有人管，学校再不管，天天玩手机打游戏，学习还跟得上吗？”

关于学校禁止使用手机的事，多位受访的留守儿童也有提及。

> “在学校老师们是不准我们玩手机的，老师说手机会影响我们学习，所以我也不会把手机带到学校。我觉得他们说的有道理吧，手机玩多了不好。”(F1)
>
> “我们学校和老师都不准我们用手机，要是看到我们玩手机会直接把手机摔了。他们都说，手机会影响到我们的学习。我认为还是有必要管我们玩手机的，因为学校毕竟是学习的地方。”(M3)

在学校的严格管制下，尽管还是有不少留守儿童偷偷把手机带到学校，但他们不敢明目张胆地拿出来使用，一般都是午间或晚上悄悄在宿舍用，为防止老师的“突袭”，他们在使用时还会安排同宿舍的同学“放风”。此外，学校每天的作息时间十分有规律，学生自己可支配的时间较少，能够用于上网打游戏的时间确实不多。

与学校的严格管制形成对比的是，祖父辈监护人对留守儿童网络游戏的现象了解和关注的程度不高，对他们的网络游戏行为往往并没有进行有效的监管。多位受访者表示，家里人允许他们“玩手机”，“只要不影响学习就好”。在这种情况下，家庭便成为留守儿童上网玩游戏的主要场所，这使得周末和假期回到家中的留守儿童比非留守儿童有着更宽裕的时间投入网络游戏，出现游戏沉迷的可能性更大。

“周末在家里玩游戏的时候比较多，学校不让带手机，但是爷爷奶奶不怎么管。”(M6)

“周末在家里做完了作业就打游戏，有时候会打到晚上一两点钟。因为是周末，外公外婆一般也不说我。”(M3)

“在家玩手机爷爷偶尔会管我，他会说，少玩点手机了，对眼睛不好。我会答应一声，把手机放下，然后过一会接着玩。有时候玩多了爷爷也会说我，但我不听他也就不管了。”(M5)

由于爷爷奶奶等隔代的监护人大多对留守儿童的管教比较松散，再加上近几年西部农村乡镇的工作重心都放在“脱贫攻坚”等经济工作上，对网吧的监管不够严格，一些农村网吧容留未成年人上网几乎已是“公开的秘密”。因此，除了在家里上网玩游戏之外，也有留守儿童坦言自己曾经去网吧玩过网络游戏。

“和朋友去过镇上的网吧玩。初一的时候和朋友组团去网吧玩过CF(穿越火线)游戏，在网吧玩游戏的人很多，一帮人一起打还蛮好玩的。但是现在家里管得严，不让去了，他们说网吧里有一些不三不四的人，经常去网吧会学坏。”(M8)

笔者问卷调查的数据显示，有0.9%的留守儿童经常上网的地点是网吧。但由于“网吧少年”已经被严重污名化，大多数受访者防备心理较重，一提到网吧就十分警觉地赶紧说“从来没去过”，笔者未能了解到更多留守儿童在网吧里使用网络的具体情况。

2. 沉迷还是觉醒

投入网络游戏，虽然可以让留守儿童在课堂之外得到消遣娱乐，在家庭之外找到情感寄托，暂时逃避现实中的困境。然而，当“留守儿童”与“网络游戏”关联在一起的时候，却再度强化了社会对留守儿童群体的负面刻板印象，陷入难以挣脱的恶性循环。

特克尔(1998)的研究发现，有些网络使用者能够通过网络上的角色扮演，经历犹如心理剧般的治疗过程，因而改善其真实世界的人际关系。但有些网络使用者则因为无法结合两个世界之间的差距导致沉迷于网络，以及在真实世界中适应不良的困境。一方面，孩子们迷恋网络游戏给他们带来的愉悦与快感；另一方面，在孩子们的内心深处，他们很清楚网络世界与现实生活之间的距离。

“网络中都是假的，和现实生活不同，就比如一个人在游戏中死了，但是他还能复活，但在现实生活中死了就死了，不会复活。”(M16)

在社会舆论与老师、家人、亲友的压力下，他们对玩网络游戏可能给自己带来的不良影响也有着担忧。特别是当游戏与现实生活产生冲突时，他们的内心便会充满矛盾，进而对自己的游戏行为进行反思。

“我觉得我打游戏的时候很入迷，就一直想打，一直想游戏里面的事情，有时候甚至会忘记吃饭，我觉得这样很不好。”(M12)

“上学不能玩手机，有点烦，但是老师收手机还是好的，不然肯定会影响学习。”(M7)

一些留守儿童虽然承认网络游戏的巨大吸引力，但他们认为自己具备一定的自制能力，不会让游戏影响自己正常的学习和生活。他们亦采取了一些措施来控制自己的游戏时间和行为。

第一种方式是完全离开游戏世界。他们会卸载游戏软件，让自己彻底远离游戏世界。这种情况一般是玩家因为游戏行为在生活当中遭受挫折，引发强烈的危机意识，便产生了彻底远离游戏的想法。

“我觉得网游确实会让人入迷，真的会让人入迷，玩进去了的话。上课时都没有认真听讲超过十分钟，很多重点都没掌握，成绩下降得很厉害。现在初三了要好好学习，觉得游戏挺害人的，还是不玩了吧，就卸掉了。”（M15）

当然，由于游戏本身的吸引力和现实中同伴群体的影响，他们往往会隔一段时间又开始重新回到游戏世界。如 M14 在玩了《王者荣耀》几个月后，曾经因为“影响学习”“没意思”为由删除了游戏软件，大概半个多月就重新开始玩。他说：

“我不玩了以后好像就跟同学、朋友没话题了，周末也不知道做什么。朋友们都在家里打游戏，也不出来玩。”

第二种方式是控制游戏时间。为了避免过度投入网络游戏，影响自己的学习和生活，他们会给自己规定一个固定的“游戏时间”，到了时间就下线，以此来掌控自己对游戏的投入程度。

“我白天不打游戏的，白天把作业做完了就晚上打，这样对学习没什么影响。”（M3）

“爷爷奶奶总说玩手机打游戏会影响学习，我不这么认为，我觉得影不影响要看你怎么用吧，只要自己能控制好玩游戏的时间，对学习不会有什么不好的影响。我一般会给自己规定一个时间，到时间就下线。”（M10）

“玩手机一般是在周末，在中午十二点到三点之间。玩游戏一般一个多小时就会自己下了，自己给自己规定时间，也不会为了打游戏熬夜。”（M16）

当然，从对游戏行为的“反思”到真正对游戏采取“抵抗”的行动是存在距离的，并非所有的反思都能引起行动上的改变。一些留守儿童玩家尽管意识到了网络游戏对自己的不良影响，但却无法抗拒游戏的诱惑，“忍不住”继续沉溺其中。

F10就是其中一位。

> “自从我成绩下降了，爷爷奶奶就说是都手机惹的祸，还说再不把成绩提起来就把手机砸了。其实他们说完我之后，我自己反思，手机确实是造成我成绩下降的原因，手机确实有错。但是没办法，我晓得打游戏‘有害’，但游戏世界里有很多很多吸引我的东西，就是忍不住啊。就好像知道吃宵夜会长胖，但就是忍不住要去吃。”(F10)

本 章 小 结

作为留守儿童最常见的上网活动之一，网络游戏对他们的自我建构产生了较为复杂的影响。

第一，角色扮演是留守儿童在网络世界中进行自我认同探索的一种重要实践。他们将对自我的想象与期待赋予在游戏角色身上，重新塑造一个有别于现实生活中的自我，满足自我实现的心理需求。同时，他们在角色扮演中倾向于建立一种稳定的、连续的身份认同。

第二，既有的性别认知对留守儿童的网络游戏行为产生了影响，体现在游戏类型偏好、游戏风格等方面。反之，网络游戏也形塑着留守儿童的性别认同，使得留守儿童的性别认同出现高度刻板化的趋势。而留守男童和女童也在游戏世界里发展出迥然不同的同伴文化。游戏世界里的同伴文化还体现出“物质化”的特征。

第三，融入同伴群体、发展人际关系是留守儿童接触网络游戏的主要动机。在现实生活中受挫的留守儿童，通过与同伴群体结伴玩游戏，形成同伴文化，以对抗外界的压力。留守儿童将网络游戏纳入日常生活之中，通过游戏与同伴交流，在游戏世界中，社会资本偏低的留守儿童群体有机会接触到来自不同社会阶层的陌生人，拓展自己的“朋友圈”。但是，网络游戏对他们社会网络的拓展作用相当有限，他们通过游戏发展的社会网络大多是现实世界中人际关系的延伸，如自己的兄妹、邻居或同学等。留守儿童很少能从游戏中的交往活动中获得新的实质性的社会支持，而往往只是固化既有的社群联系，这使得他们的同伴群体呈现“同质化”的倾向。

第四，网络游戏为留守儿童的课余生活带来了愉悦的体验，在一定程度上满足了孩子们的情感需求，消解了他们的孤独感。在游戏世界中，留守儿童与现实生活中的同伴一起，合作、战斗，收获成就，建立起“志同道合”的友谊。然而，这种虚拟与现实交错的同伴互动，虽然使他们获得情感上的慰藉，却也使他们容易形成对网络的依赖。留守儿童对网络游戏的不良影响虽然有一定的“危机意识”，但并非都能转化为行动。

第九章　理解留守儿童：案例与反思

一、与网相伴的他们

网络嵌入和改变着留守儿童的日常生活，对留守儿童自我认同产生的影响是复杂的，研究结果呈现的可能只是一些“简化”的事实。我们从 30 个访谈对象中选取了两个具有典型性的个案，试图通过讲述他们的故事，来展现留守儿童在生活中是如何“与网相伴”的。

案例 1：F10，女，15 岁，九年级。父母都在福建打工，跟爷爷奶奶还有弟弟一起生活，有一部自己的 VIVO 手机。

笔者：能说说你平时的生活吗？

F10：一般就是早上起来洗脸刷牙，吃早餐，然后就到教室。早上有四节课，大课间的时候会去玩一下，我会选择一个人在走廊尽头一个人唱歌，或者是安静地思考一些自己认为值得思考的问题(笑)。中午吃完饭回去睡午觉，然后下午上课。放学后跟朋友们玩一下，然后晚自习。晚自习后睡觉。这就是在学校一天的生活。周末在家的两天，我会选择在星期六时让自己适当地放松一下，该玩的时候就认真疯狂地玩，不会做跟学习有关的。我自己还是比较喜欢一个人独处吧，虽然我在同学们面前也是比较活泼的那种，但是我一个人听下音乐，在外面走，回来就躺在床上玩手机。

笔者：你现在用的什么是手机？一般用手机做些什么？

F10：我的手机是白色的 VIVO3。一般会用 QQ，其实也没什么好聊的。我一般会用 QQ 和朋友聊天，但平时不会花太多时间在 QQ 上。我比较喜欢用短视频软件，你应该知道吧？我比较喜欢玩美拍。还会在网上百度，百度一些好玩的东西，比如人的头发为什么是黑的？之类各种各样稀奇古怪的问题。我以前也下过知乎，但是没得可以吸引我的东西。

笔者：你在美拍主要看什么内容？

F10：主要是一些唱歌、跳舞的视频还有一些搞笑的段子，基本上是唱歌和跳舞。我自己不会发视频。我觉得快手里面的视频都比较……里面大多数视频给我的感觉就是太低俗了，一点正能量都吗没有，所以用了一点意义都没有。(笑)

笔者：除了 QQ 和美拍，你还有其他爱用的 App 吗？

F10：作业帮，(小声)因为可以抄答案(笑)。除了作业帮我还会用互动作业。互动作业是搜一本资料的那种答案，作业帮的话，如果你搜一个题，会有解题的过程。互动作业没有，这一点比作业帮会好一点。我觉得手机里面东西太多了也没有什么用，除了手机自带的软件，也没什么很好用的，我主动下(载)的只有作业帮、互动作业、美拍这三个，还有一个有道词典，学英语要用。

笔者：有没有喜欢的明星？为什么喜欢他(她)？

F10：有，TARA，韩国的一个女团。是我通过美拍上关注的一个舞蹈达人，她说祝我们皇冠团走花路，我就看了那些评论，那些评论都是在惋惜皇冠团的，说皇冠团明明都要走向巅峰了，明明都要成韩国最火的女团，就在那么一瞬间被一个女人毁了。那时候我根本不了解她们，就去百度上搜，知道她们本来在韩国很火了，在关键时刻因为有一个新成员加入她们，这个新成员污蔑她们，结果她们就毁了，当时就很心疼她们。我在美拍上搜索 TARA，就看到有很多视频，她们被人污蔑了抱在一起哭，真的很可怜，就慢慢喜欢上她们了。我一般会通过美拍、百度和 QQ 看点关注她们的消息，或者在 QQ 上问其他人。

笔者：爸爸妈妈不在身边对你的生活有什么影响？

F10：很大的影响。爸爸妈妈在的时候真的是感觉自己想怎么做就怎么做，反正有爸爸妈妈宠着。但是爸爸妈妈不在，就觉得很多事情都需要自己独立。我是比较懒的那种人，爸爸妈妈在的时候家里会很干净很整齐，因为妈妈是有强迫症的人。但爸爸妈妈不在家里完全就像个狗窝，虽然我自己也看不下去，但就是不想打扫。爸爸妈妈在身边还可以对他们撒娇，跟他们说下自己的烦心事，有家庭的温馨的感觉。爸爸妈妈在身边跟不在身边感觉是完全不一样的，就觉得缺少父母陪伴。我爸爸妈妈都是在外地工作，就把我丢给爷爷奶奶。我从小是爷爷奶奶带大的，因为爷爷奶奶从小在乡下生活。爷爷他们带我和我弟弟特别粗犷，就不像其他同学，在父母身边，要什么就给什么。

我3岁以前是跟爸爸妈妈一起在外面生活的。3岁时他们说带我去读幼儿园，我妈跟我说，本来是带我去那边的幼儿园报名，但是不知道为什么报不到，就把我弄回来，我回来以后读了三个幼儿园。我也不知道当时是为什么，所以导致我现在都老了(笑)。

笔者：平时怎么跟父母联系？多久联系一次？都聊些什么？

F10：我平时和他们打电话、微信、视频，没有其他途径了，就这些。在还没有开学时基本上天天都会主动给他们打微信电话。开学以后一个星期联系一次，没得办法，只能一个星期联系一次。现在懂事了，不会告爷爷奶奶的状了，都是些家常话，你们吃饭没有？你们在做什么？今天发生了些什么？他们会问，你们那里天气怎么样？弟弟成绩不好，你好好教一下他，多帮助他复习功课啊这些。

笔者：你的理想是什么？哪些人或事对你的理想有比较大的影响？

F10：以前的理想是作家。本来自认为很坚定，自以为会坚持下去，但是说实话，现在会很模糊，没有什么感觉了。因为父母、老师都给我说了很多大道理，在网上见到的很多大道理，各种各样的大道理让我突然感觉到，在现在这个社会，你有再大的梦想都不能当饭吃，最重要的是看哪种途径能赚钱。这个社会除了钱和权力，其他的都没有什么用，虽然你有自己的信仰，但是都没什么用，社会就是这么现实，竞争太激烈了，我们班主任经常会跟我灌输这些知识，我都被洗脑了。

我的人生目标会先觉得什么适合自己，收入来得快的话就先去尝试一下。现阶段的目标是先让自己的生活安定下来，让自己的吃喝穿、住都不受限制了以后再去完成自己的梦想。我觉得那样的话，梦想能完成得好一些。

在我的观念里面，每天每时每刻，班主任都会来这么一句：同学们啊，现在不努力不行了啊，这个时代竞争太激烈了。你不好好读书，以后人家坐在办公室里面，敲下字收入都能是你的3倍，你在那里搬砖也赚不了多少钱。以前在网上看过很多例子，说其他人以前的梦想是画家啊什么，很坚定很坚定，一直坚持自己的梦想，但一直没有得到认可最后郁郁而终。

案例 2：M10，男，八年级，父母都在浙江打工，跟爷爷奶奶在一起生活，有自己的手机。

笔者：能不能说说你平时的生活，有什么爱好？

篮球、乒乓球、跑步。早上起来吃完早餐跑一步，然后就上课，每天有时间的时候就打一下篮球或者乒乓球。晚上自己在教室学习，一般 9 点半回到宿舍。一个宿舍住 8 个人。我们会在操场上走一下，玩一下，在十点敲钟之前回到宿舍。

笔者：你有自己的电脑或手机吗？

有自己的手机，没有电脑。手机是 VIVO 的，去年暑假买的，1000 多元。去年暑假我去浙江，爸爸妈妈上班的地方玩，爸爸就提出出来帮我买手机，为了联系方便。手机是爸爸帮我选的，是白色的。这是我的第一部手机。

笔者：你用 QQ 多还是微信多？

用 QQ 比较多，第一次用 QQ 是小学四五年级的时候。QQ 上有三四十个好友，微信上没有多少朋友，主要是家人、父母。平时会和他们用微信视频聊天。

笔者：你会不会跟陌生人聊天？会给好友分组吗？

也会加一些网友。分了组，朋友、同学、家人。现在朋友组被我删了，因为觉得意义不是很大。

笔者：你会在空间或朋友圈发自己的心情或照片吗？

有时候会发。发自己的心情好不好，去哪里玩时也会发一些风景照，想跟朋友分享。很少会发自己的照片。

笔者：好友会给你点赞或者评论吗？评论会是一些什么内容？

会。一般会问那些问题，去哪里玩的？或者会问为什么心情不好之类的。

笔者：会不会在意这些留言和点赞？你觉得朋友圈里的互动能增进你们的友谊吗？

会，发完空间后，会老去看有没有人留言和点赞。我也会看朋友们的空间，给他们留言或者点赞。我觉得能吧，这样就不会让有些距离太远的朋友，因为没有时间见面而让友情变淡。

笔者：你有加入 QQ 群或微信群吗？都是一些什么样的群？一般聊什么内容？

有啊，比如说班级的群。还有我们几个爱打篮球的也建了一个群。(叫什么名字？灌篮高手吗？)(笑了起来)不是，是我同学取的，叫“篮神”，篮球的“篮”。

问起床没有？或者交流今天有什么事情发生。昨天有一个同学没来上学，我们就在群里问他为什么没来？是不是生病了，关心他。还有会约有时间的时候一起打篮球。班级群里一般是聊学习，比如作业不会做，就在群里问一下。(会有人回答吗？)会，一般都有人回答的。

笔者：喜欢在群里聊天吗？

有一些群是朋友拉我进去的，比较大的群，比如××中学的两个群。里面人很多，好多人都不认识，我就很少在群里面说话。但是班级的群和“篮神”群我聊得比较多。因为这两个群都是同学，都是认识的人，就比较喜欢在里面聊。

笔者：你会在班级群里帮同学解答问题吗？

会，如果我自己不会的，我会私聊其他同学，喊他们来帮他解答一下。我是班级群的管理员。

笔者：你是班干部吗？觉得当管理员有意思吗？

我是班上的劳动委员。当群管理员还是有意思，觉得自己还可以，在群里有比较高的地位，每次发言都有人回应。

笔者：你的网名是什么？怎么想到取这个名字的？

有中国字，也有一些字母。我的 QQ 号会给同学，让他们帮我玩一下。

笔者：你的 QQ 资料里信息都是真实的信息吗？

地址我写的浙江宁波，那是爸爸妈妈工作的地方。其他资料都是真实的信息。

笔者：你不会担心自己的个人信息泄露吗？

我一般不怎么担心，因为可以设置安全权限。

笔者：你的 QQ 头像很好看，为什么用这个动漫人物做头像？

我比较喜欢动漫风格的头像，这是一个动漫小说里的人物，我比较喜欢这张图片，觉得很好看。我的微信头像也是一个动漫人物，但跟这个不一样。

笔者：你玩网络游戏吗？玩过哪些游戏？最喜欢的是哪个游戏？它跟其他游

戏有什么不同？说说你玩这个游戏的经历。

很少玩，我玩过穿越火线和王者荣耀。最喜欢玩的是穿越火线，男生嘛就喜欢玩枪战类的，穿越火线就属于枪战游戏。我觉得王者荣耀比较虚拟，不怎么真实，感觉不怎么好玩。穿越火线是去年 9 月份，我过生日的时候，一个同学跟我说他在玩这个游戏，我才开始玩的。平时我们会组队，邀请同学来一起打。是两方拿着枪打枪战，是玩技巧的。我们男生就喜欢玩刺激一点的枪战，比较真实，而且需要互相配合。

在穿越火线中，可以分配狙击手或者其他角色，你可以选。是 5 个人一起组队玩，在一支队伍里面有狙击手、主攻、辅助等角色，我一般玩辅助和狙击手。大部分时候我都是跟同学一起玩，但有时候也会匹配陌生人一起玩，我更喜欢和同学一起，因为大家比较熟悉，更好玩。我充过值，买过一些武器和装备。这个游戏满级是 150 级，我现在是 62 级，我的同学中玩得好的也就是五六十级。我在同学中也算是高手了。(笑)

笔者：有没有在网上交到一些新的朋友？

玩游戏时有时匹配到的一些陌生人，如果觉得有共同爱好就会加上 QQ，下次还约着一起打。有时候不玩游戏时也聊聊天。

笔者：还有喜欢用的 App 吗？喜欢用它们的原因是什么？

快手，还有火山小视频。快手上面拍的一些视频可以让我了解外面。我一般喜欢看风景的视频，还有自己动手做东西的视频。比如说自己动手用钢铁造了一个车这样的。我还爱看同学们发的一些在外面玩的风景和吃的美食。我在快手上一般会关注同学的账号。我自己也发过几个视频，不经常拍。我会发一些生活中搞笑的视频，比如上次发了一个站在乒乓球台上灌篮的。火山小视频跟快手差不多，我主要在上面听音乐。最近出的抖音我也用了，会在上面看一些搞笑好玩的视频，但自己还没有发过。我的同学们比较喜欢用快手。看一些搞笑的小视频可以放松心情，还有上面有一些视频教打球的技巧，比如说投 3 分球应该怎么投才更容易进。

笔者：有喜欢的明星吗？为什么喜欢他？会买明星代言的产品吗？

有，乔丹，因为我喜欢篮球嘛。我还喜欢一个歌手薛之谦。因为他的歌是抒情的，很好听。我听他的歌，但不太了解他的娱乐新闻。很少会买明星代言的产品，因为他们代言的产品感觉对自己的生活没什么用的话我就不怎么会买。

笔者：爸爸妈妈在外地工作对你的生活有哪些影响？

有时候一些事情无法和他们沟通，得到他们的意见，不得不自己独立去处理。比如有一次考试，我的成绩有点下滑，我就很想跟他们沟通，问一下他们成绩应该怎么才能上升。他们比较关注我的总的分数，我给他们打了电话，他们就说我的成绩下滑是不是上课没有专心听讲还是怎么了，没有问我的想法。

笔者：跟他们一般用什么方式联系？

联系比较困难，他们在厂里工作很忙，一般就是一个星期联系一次，用视频或者电话。一般会问最近的学习状态，还有问家里面的生活情况。

笔者：你的理想是什么？

我小时候的理想就是当科学家，因为我喜欢科学，还有喜欢发明、机械这些东西。我从小就喜欢机械的东西，想搞清楚里面的一些东西，对这个特别有兴趣。

笔者：怎么看待留守儿童的报道？

留守儿童在贵州还是比较普遍吧，我就想如果贵州的经济生产能发达一点，让父母都回来上班就好了。我看到电视里穷苦的孩子自己在大山里生活，父母在外面打工时，还是有点难受，很同情他们。

笔者：你是一个什么样的人，说说自己的优缺点。

我喜欢交朋友，比较外向，缺点是马虎，做事情不是很认真。同学们跟我交流时会跟我说哪些事情做得不对，自己就晓得了。

笔者：爷爷奶奶会反对你玩手机吗？他们怎么说？

会，他们会说，那么小就玩手机，会影响学习。但我不这么认为，我觉得影不影响要看你怎么用吧，只要自己能控制好玩手机的时间，对学习不会有什么不好的影响。

二、网络：让“我”欢喜让“我”忧

查尔斯·泰勒(1989)看来，“为了形成并保有一种自我感，我们必须清晰地知晓我们来自何处，又去向何方。”个体如何看待自己，决定着个体的行动，对个体的发展非常重要。自我的建构离不开个体与他人、社会的相互作用，自我认同的发展与建构是一个动态的过程，贯穿于人的一生之中，且随着社会和文化情境的变迁而发生改变。

21 世纪，以互联网为核心的信息技术对社会、文化、经济和政治等方面产生广泛而深远的影响。网络重新定义着人们的生活方式，重新塑造着人们的身份，成为人们认知世界、了解自我的全新空间和重要途径。留守儿童正处于人生的转折与过渡时期，面临着探索与建立个体的自我认同的核心发展任务。在全球化、信息化的时代背景下，一方面，他们跟城市青少年一样遭受着多元文化和价值观的冲击，产生诸多自我认同的困惑；另一方面，由于父母在成长中"缺席"，又身处经济、文化、教育都较为落后的乡村，他们别无选择地被建构为"弱势群体""问题群体"，其自我认同的建立和发展面临着更为严峻的挑战。

布朗芬布伦纳(1979)提出的"生态系统论"将"发展"看作人与环境相互作用的产物。根据布朗芬布伦提出的个体发展的生态模型，微系统、中系统、外系统、宏系统以及处于这些系统中心的青少年个体，共同构成了青少年个体发展的完整的生态系统。媒介作为影响青少年社会化的重要因素之一，在青少年自我认同发展的过程中发挥着重要影响。互联网使用与青少年个体和围绕青少年个体展开的各个系统之间均有着密切的关系，因而与青少年自我认同的形成和发展也有着密切的关系。

当互联网进入农村地区，特别是日益"空心化"的西部农村地区以后，留守儿童成为互联网的实际上的主要使用者。互联网渗透至他们日常生活的方方面面，在他们的生活中扮演着重要的角色，成为他们了解接触世界、开展社会交往的重要途径，也是他们自我认同探索与建构的新场域。本研究从宏系统的社会文化环境出发，从中系统中的人际关系，到微系统中的家庭、朋友和学校，再到留守儿童日常生活体验的考察，试图较为完整地把握留守儿童的网络使用行为对其自我认同发展的影响。在解读留守儿童面临的自我认同困境，了解留守儿童自我认同现状，勾勒其互联网使用轮廓的基础上，探讨自我呈现、人际互动、网络游戏等网络实践对于留守儿童自我认同建构的意义。

本研究发现，首先，网络"去中心化"的特性让在现实中处于弱势地位的留守儿童有了更多的表达机会和表达空间，促进了他们的自我表达。借助互联网，留守儿童可以选择隐匿真实的自我或部分自我，尝试去建构与城市青少年相同的生活方式与品味，呈现“理想化”的自我。这能让他们增强自信，暂时摆脱“边缘感”与“底层感”，满足自己“城市人”的身份认同与想象，在心理上实现一种“向上的流动”。同时，也在一定程度上实现了对主流话语的反抗。

其次，网络为留守儿童提供了更大的人际交往空间，更多的交往机会和更广的交往范围，因“留守”处境导致的人际交往缺失得到了一定填补。借助网络，他们不仅频繁地跟现实中的亲人朋友互动，同时，还能够跨越时空与社会阶层，与陌生人进行交往。在以网络为中介的人际交往过程中，留守儿童的自我认同得以发展。其一，留守儿童家庭借助互联网进行的亲子沟通，能够在一定程度上改善疏离的亲子关系，满足留守儿童的情感需求。其二，网络交往的匿名性、隔离性等特征，使他们能够克服社交焦虑，发展建立新的人际关系，拓展自己的社会网络。其三，他们有更多的机会接受他人反馈，以完善自我身份认同。

再次，网络游戏成为留守儿童的情感寄托，他们通过扮演网络游戏中的角色，以及与同伴的互动，探索自我，发展友谊，达成自我实现的需求，获得社会支持与归属感。其一，角色扮演是留守儿童在网络世界中进行自我认同探索的一种重要实践。他们将对自我的想象与期待赋予在游戏角色身上，重新塑造有别于现实生活中的自我，满足自我实现的心理需求。其二，既有的性别认知使留守男童和女童也在游戏世界里发展出迥然不同的同伴文化，同时也强化了基于性别刻板印象的性别认同。其三，留守儿童将网络游戏纳入日常交往之中，他们通过与同伴群体结伴玩游戏，维系和发展友谊，获得情感慰藉与归属感。

总之，游弋于网络空间中的留守儿童不仅是一个被动的接收者，更是积极的传播者。网络提供了丰富的身份体验、多元的社会交往、愉悦的休闲娱乐，使得他们的情感需求与社交需求得到满足，同时也达成了自我意义的追寻与确认。然而，这种虚拟与现实交错的生活却也衍生出更深层次的自我认同危机。如果过度迷恋虚拟世界的幻象，可能会形成对网络的依赖，将大量时间与精力投入虚拟的网络世界而与现实生活脱轨，导致自我的迷失和价值观偏差。

三、反思与启示：在虚拟与现实之间

信息科技带来网络社会的崛起，改变了人们生产和生活活动的空间。在网络社会中，现实世界与网络世界都是人们的日常生活空间，两个空间虽然有不同的特性，但并未完全割裂，而是呈现互相渗透、交织的形态。

布尔迪厄用“惯习”①(habitus)概念说明社会结构与心智结构的关系。他认为，条件制约与特定的生存条件相结合，生成了“惯习”。他将“惯习”定义为“持久的、可转换的潜在行为系统，是被建构的结构与作为建构的结构，也作为生产的原则和实践与再现的结构。能客观地‘被管控’并有规律，但不是遵从任何规则的产物；能客观地适应其目标，但不是有意识地瞄准目标或向掌控运作去获得它们”(布尔迪厄/蒋梓骅译，2009：74-75)。

Lee(2008)在研究中发现，不同阶级的青少年受到惯习的影响，其网络使用偏好迥异。来自中产阶级家庭的孩子偏好传播沟通和阅读资讯，会在父母和老师的指导下利用网络学习或做作业，来自较低阶级的中学生偏好下载音乐和玩游戏，较少阅读线上新闻。Krotz. F(2002)也指出，儿童的网络使用受制于不同的社会和文化过程。受家庭环境、学校教育以及社会文化背景等因素影响，留守儿童使用网络的方式很可能与城市儿童、非留守儿童大异其趣。

互联网曾被视为是当代最大的均衡器，能够超越地理、身体和其他有形的物质限制，让弱势社群免于遭受社会的排斥，直接近用公共资源，改善其生活(McNutt，1998；Wolf，1998)。然而我们在研究中却发现，尽管网络使用给留守儿童自我发展带来的积极影响毋庸置疑，但却并未给留守儿童的生活境遇带来实质性改善，他们现实世界中的弱势地位仍然在网络空间中复制和延伸。

第一，留守儿童在互联网中生产和传播意义，试图摆脱社会建构的负面刻板印象，以及“边缘化”“底层化”的处境给自己带来的不利影响。这种弱者的“抵抗”是积极的，但是效果并不明显。由于现实世界与虚拟世界并未完全割裂，现实中的权力关系会复制或延伸至虚拟世界中。从表面上看起来，网络的“技术赋权”似乎让留守儿童拥有了话语表达的空间。然而，就实质上而言，在网络空间中，留守儿童群体尽管能够发出自己的声音，但他们并未获得切实的话语权力，相对于其他群体而言，他们仍然处于“弱势”地位，仍然是被别人言说的“他者”。

第二，在网络世界，留守儿童看似有机会接触到来自不同社会阶层的人，发展新的人际关系，但现实生活中家庭环境的失衡和社会资本的匮乏对他们在网络

① 又译为“习性”。

空间中的交往行动构成了一种限制。在以互联网为中介的人际交往中，他们更多的是维系了“强关系”，“弱关系”却并未得到更多发展。可以说，无论是社会网络的深度还是广度，均未发生实质性的改变，这意味着他们从网络交往活动中获取的社会支持相当有限。因此，借助网络，留守儿童往往只能暂时逃离现实，却不能真正改变自己的弱势处境，虚拟与现实之间的差距反而会使他们产生强烈的心理落差，导致更多的认同困惑与焦虑，甚至迷失。

第三，在信息素养的制约下，互联网并未在留守儿童身上充分发挥信息传递和社会认知的作用，而更多地被留守儿童作为情感慰藉、娱乐消遣的工具。首先，大部分留守儿童虽然具备一定的信息技术能力，但他们很少用运用网络来获取信息或争取社会权益。其次，大部分留守儿童不会使用电脑。少数家中有电脑的，他们也只会用电脑来玩游戏，城市青少年常用的“Office”等文字处理软件他们几乎都不会。这在一定程度上进一步扩宽了他们和城市青少年之间的数字鸿沟，可能导致他们最终陷入“阶级再生产”的循环。究其原因，对于农村留守儿童来说，作为进城务工人员的父母对信息技术的掌握有限，跟他们同住的祖辈监护人因受教育程度偏低被隔在“数字鸿沟”之外，乡村学校开展信息技术教学的软硬条件均欠缺，使得他们的信息技术学习缺少有效的指导，基本上来自同伴群体极其有限的“经验”。因此，对这些生活在偏远乡村的留守儿童进行信息素养教育，培养他们正确地利用网络获取生活和学习必需的信息，并学会用批判的眼光认识和评价信息，提升信息素养，是一项现实而迫切的任务。

当然，更为重要的是，如何在国家治理现代化和乡村振兴战略框架下破除城乡二元结构的藩篱，推动公共资源的均衡配置，解决农村“空心化”问题，从根本上改变留守儿童的处境。

四、研究局限

首先，在研究对象上，按照研究定义，留守儿童的年龄范围应为18岁以下，但由于存在一些实际操作上的困难，如低龄留守儿童对问卷的理解力不够，表达能力不足等，笔者未能对11岁以下的留守儿童的网络使用情况进行研究，这使得研究不能反映不同年龄阶段的农村留守儿童群体的状况。

其次，在研究方法上，深度访谈的过程中，由于研究者对访谈技巧的掌握不足，且一些受访者性格比较内向，不善言谈，也有可能前期沟通不够，未能与受访者建立相互信任，化解受访者的顾虑和抵触情绪，致使研究者与部分受访者的交流不够深入。由于时间有限，访谈只进行了一轮，很难由浅到深，由表及里，就研究问题进行深入的探讨。尽管研究者在访谈之后，通过 QQ 等交流方式与部分受访者进行了进一步的沟通，但网络访谈的效果远不如面对面的沟通"深入"和"细微"，使得获取的研究资料难以达到"解释力度""信息丰富性"和"复杂精致性"(陈向明，2000)的要求。此外，受调研条件限制，研究者对留守儿童网络使用行为的观察仅限于在学校这个特定场所，以及对他们的 QQ 空间和 QQ 群的观察。如果进入留守儿童的家庭、网吧等不同场域进行观察，可能更有助于把握这一群体的特殊性。

最后，在研究内容上，笔者在研究中发现，农村留守儿童的网络使用情况比较复杂。除了对网络的娱乐性使用外，有相当多的留守儿童利用网络获取学习知识，如使用"作业帮""互动作业"等手机软件寻找作业答案等；有一些留守儿童利用网络"做兼职""赚外快"，如在亲戚和同伴的带动下做"微商"，当"刷手"参与网络"刷单"①等行为，但未能进行深入细致的观察和研究。在未来的研究中，可以对这些网络使用行为对留守儿童自我认同的影响展开讨论。

① 即网络商家雇人帮自己制造虚假销售量和好评。

参考文献

一、中文部分

[1]戴维·波普诺. 社会学. 李强，等，译. 北京：中国人民大学出版社，2007.

[2]安东尼. 吉登斯. 现代性与自我认同. 夏璐，译. 北京：中国人民大学出版社，2016.

[3]乔治·H. 米德. 心灵、自我与社会. 赵月瑟，译. 上海：上海译文出版社，2005.

[4]埃里克森. 同一性：青少年之危机. 孙名之，译. 北京：中央编译出版社，2015.

[5]丹尼斯·麦奎尔. 麦奎尔大众传播理论. 崔保国，李琨，译. 北京：清华大学出版社，2010.

[6]翟本瑞. 虚拟小区、多元文化与身份认同. 台北：扬智出版社，2001.

[7]曼纽尔·卡斯特. 网络社会的崛起. 夏铸久，王志宏，等，译. 北京：社会科学文献出版社，2001.

[8]迈克尔·A. 豪格，多米尼克·阿布拉姆斯. 社会认同过程. 高明华，译. 北京：中国人民大学出版社，2011.

[9]查尔斯·泰勒. 自我的根源. 韩震，等，译. 南京：译林出版社，2012.

[10]库利. 人类本性与社会秩序. 包凡一，王湲，译. 北京：华夏出版社，2015.

[11]皮埃尔·布尔迪厄. 实践感. 蒋梓骅，译. 南京：译林出版社，2009.

[12]齐美尔. 社会是如何可能的. 林荣远，译. 桂林：广西师范大学出版社，2002.

[13]安尼·希尔，詹姆斯·沃森，等. 人际传播关键主题：文化、身份与表演.

刘蒙之，景琦，译. 西安：世界图书出版西安有限公司，2016.
[14]南希・K. 拜厄姆. 交往在云端：数字时代的人际关系. 董晨宇，唐悦哲，译. 北京：中国人民大学出版社，2020.
[15]吴小玲. 幻象与真相：网络游戏的文化建构. 成都：西南交通大学出版社，2015.
[16]唐・泰普斯科特. 数字化成长——网络世代的崛起. 陈晓开，等，译. 大连：东北财经大学出版社，1999.
[17]约书亚・梅洛维次. 消失的地域：电子媒介对社会行为的影响. 肖志军，译. 北京：清华大学出版社，2002.
[18]金・盖尔・多金，等. 青春期生理学：青少年成长、发展和面临的问题. 王晓丽，王俊，译. 北京：机械工业出版社，2016.
[19]丹尼斯・麦奎尔. 受众分析. 刘燕南，等，译. 北京：中国人民大学出版社，2006.
[20]陈向明. 质的研究方法与社会科学研究. 北京：教育科学出版社，2000.
[21]江立华，符平等. 转型期留守儿童问题研究. 上海：上海三联书店，2013.
[22]叶敬忠，等. 关注留守儿童. 北京：社会科学文献出版社，2005.
[23]雷雳. 青少年网络心理解析. 北京：开明出版社，2012.
[24]雷雳，陈猛. 互联网使用与青少年自我认同的生态关系. 心理科学进展，2005，13(2)：169-177.
[25]布朗. 群体过程. 胡鑫，庆小飞，译. 北京：中国轻工业出版社，2007.
[26]艾尔・巴比. 社会研究方法. 邱泽奇，译. 北京：华夏出版社，2009.
[27]威廉・A. 科萨罗. 童年社会学. 张蓝予，译. 哈尔滨：黑龙江教育出版社，2016.
[28]简宁斯・布莱恩特，等. 媒介效果：理论与研究前沿. 石义彬，彭彪，译. 北京：华夏出版社，2009.
[29]欧文・戈夫曼. 日常生活中的自我呈现. 北京：北京大学出版社，2008.
[30]欧文・戈夫曼. 污名：受损身份管理札记. 北京：商务印书馆，2009.
[31]斯图尔特・霍尔. 表征：文化表象与意指实践. 徐亮，陆兴华，译. 北京：商务印书馆，2013.

[32]林顿·弗里曼. 社会网络分析发展史——一项科学社会学的研究. 张文宏，刘军，王卫东，译. 北京：中国人民大学出版社，2008.

[33]边燕杰. 社会网络理论十讲. 中国社会学网，2007.

[34]黄少华，翟本瑞. 网络社会学：学科定位与议题. 北京：中国社会科学出版，2006.

[35]罗伯特·郑，等. 青少年在线沟通与行为——网络关系的形成. 北京：世界图书出版公司，2014.

[36]胡春阳. 寂静的喧嚣 永恒的联系——手机传播与人际互动. 上海：上海三联书店，2012.

[37]简·梵·迪克. 网络社会——新媒体的社会层面. 蔡静，译. 北京：清华大学出版社，2014.

[38]亚当·乔伊森. 网络行为心理学——虚拟世界与真实生活. 任衍具，魏玲，译. 北京：商务印书馆，2010.

[39]黄少华. 青少年网民的网络交往结构. 兰州大学学报(社会科学版)，2009(1)：70-78.

[40]杨恬，蒋晓丽. 在美中国旅居者在社交媒体上的自我呈现动机研究. 国际新闻界，2008(3)：101-113.

[41]陶慧娟. 网路交友互动分析：网路人际关系的虚幻与真实. 台北：世新大学传播研究所，2004.

[42]崔本瑞. 教育与社会：迎接资讯时代的教育化会学反省. 台北：杨智文化事业股份有限公司，2000.

[43]特克尔·S. 虚拟化身：网络空间的身份认同. 谭天，译. 台北：远流出版事业，1998.

[44]黄少华，陈文江. 重塑自我的游戏：网络空间的人际交往. 兰州大学出版社，2002.

[45]张玉佩. 游戏、人生：从线上游戏玩家探讨网络世界与日常生活的结合. 新闻学研究，2009(98)：2-46.

[46]李丽真. 同侪团体与青少年行为——从麦可旋风谈起. 教师天地，1994(72)：59-63.

[47]张玉佩. 穿梭虚拟世界的游戏少年——他(她)们社会资本之累积与转换. 中华传播学刊, 2013(23): 195-227.

[48]林宇玲. 儿童与网络——从批判角度探讨边远地区儿童网络使用. 台北: 秀威资讯科技有限公司, 2008.

[49]蒋奖, 梁静, 杨淇越, 克燕南. 同伴文化压力对青少年物质主义价值观的影响: 自尊的调节作用. 中国特殊教育, 2015(1): 92-96.

[50]鲍德里亚. 消费社会. 刘全富, 全志刚, 译. 南京: 南京大学出版社, 2000.

[51]陈怡安. 在线游戏的魅力: 以重度玩家为例. 高雄: 复文出版社, 2003.

[52]黄厚铭. 网路上探索自我认同的游戏. 教育与社会研究, 2002(3): 65-106.

[53]李家嘉. 影响在线游戏参与者互动行为之因素探讨. 嘉义: 中正大学图书馆, 2002.

[54]雷雳, 王争艳, 李宏利. 亲子关系与亲子沟通. 教育研究, 2001(6).

[55]周婕. "点赞"并非真实沟通. 新闻战线, 2014(2).

[56]上官子木. 网络交往与社会变迁. 北京: 社会科学文献出版社, 2010.

[57]管成云. 农村网吧里的孩子们——基于湖北省藕镇留守儿童的互联网使用与社会交往的民族志调查, 新闻学研究, 2017(132): 1-59.

[58]陈世海, 詹海玉, 陈美君, 文四海. 留守儿童的社会建构: 媒介形象的内容分析. 新闻与传播研究, 2012(2): 45-51.

[59]赵志裕, 温静, 谭俭邦. 社会认同的基本心理历程——香港回归中国的研究范例. 社会学研究, 2005(5): 202-227.

[60]王树青, 张文新, 张玲玲. 大学生自我同一性状态与同一性风格、亲子沟通的关系. 心理发展与教育, 2007(1): 59-65.

[61]王艳波, 吴新林. 农村"留守孩"现象个案调查报告. 青年探索, 2003(8): 7-10.

[62]鲁汉杰. 农村留守青少年自我认同困境的社会工作介入研究. 咸阳: 西北农林科技大学学位论文, 2016.

[63]范柏乃, 刘伟, 江蕾. 乡村留守儿童及其应对策略研究. 美中公共管理, 2007, 4(6): 1-10.

[64]叶敬忠, 潘璐. 别样童年——中国农村留守儿童. 北京: 社会科学文献出版

社，2008.
[65]段成荣，杨舸．我国农村留守儿童状况研究．人口研究，2008(5)：15-25.
[66]全国妇联儿童工作部．农村留守流动儿童状况调查报告．北京：社会科学文献出版社，2013.
[67]黄少华．网络空间的社会行为——青少年网络行为研究．人民出版社，2008.
[68]黄少华．网络游戏意识对网络游戏行为的影响——以青少年网民为例．新闻与传播研究，2009(2)：59-68.
[69]郭金山．西方心理学自我同一性概念的解析．心理科学进展，2003，11(2)：227-234.
[70]郭金山，车文博．自我同一性与相关概念的辨析．心理科学，2004，27(5)：1266-1267.
[71]西格蒙德·弗洛伊德．自我与本我．林尘，等，译．上海：上海译文出版社，2015.
[72]周晓虹．认同理论：社会学与心理学的分析路径．社会科学，2008(4)：46-53.
[73]姚上海，罗高峰．结构化理论视角下的自我认同研究．理论月刊，2011(3)：46-49
[74]张春兴．青年的认同与迷失．台北：台湾东华，1983.
[75]周晓虹．认同理论：社会学与心理学的分析路径．社会科学，2008(4)：46-53.
[76]刘庆奇，孙晓军，周宗奎，牛更枫．社交网站中的自我呈现对青少年自我认同的影响：线上积极反馈的作用．中国临床心理学杂志，2015，23(6)：1094-1097.
[77]杨桃莲．微博空间中大学生的自我认同与建构．外语教学与研究出版社，2017.
[78]戴维·冈特利特．网络研究——数字化时代媒介研究的重新定向．新华出版社，2004.
[79]林雅容．自我认同形塑之初探：青少年、角色扮演与线上游戏．资讯社会研究，2009(16)：197-229.

[80]黄厚铭. 网路上探索自我认同的游戏. 教育与社会研究，2002(3)：65-106.
[81]陈怡安. 线上游戏的魅力. 资讯社会研究，2002(3)：183-214.
[82]李君如，杨棠安. 线上游戏玩家表现与其人格特质研究. 高雄师大学报，2005(19).
[83]杨燕. 边远地区农村留守儿童自我认同感的调查研究——以临沧市镇康县中小学为例. 昆明：云南大学学位论文，2016.
[84]吴晓萍. 农村留守儿童自我认同问题及对策研究. 芜湖：安徽师范大学学位论文，2011.
[85]张明皓. 留守儿童的日常焦虑与自我认同——基于结构二重性视角的考察. 北京社会科学，2017(3)：75-83.
[86]王玲宁. 谁来伴我成长——媒介对农村留守儿童社会化影响. 上海：学林出版社，2012.
[87]郑素侠. 农村留守儿童媒介使用与媒介素养现状研究. 郑州大学学报(社会哲学科学版)，2012(2)：157-160.
[88]李远煦. 电视媒介对农村留守儿童社会化的影响研究. 武汉：华中农业大学学位论文，2017.
[89]王秋香. 农村“留守儿童”社会化的困境与对策. 成都：西南交通大学出版社，2008.
[90]叶敬忠，潘璐. 别样童年——中国农村留守儿童. 北京：社会科学文献出版社，2008.
[91]胡翼青，戎青. 电视与留守儿童人际交往模式的建构——金寨燕子河镇为例. 西南民族大学学报(人文社会科学版)，2011(10)：139-143.
[92]李艳红，刘晓旋. 诠释幸福：留守儿童的电视观看——以广东揭阳桂东乡留守儿童为例. 新闻与传播研究，2011(1)：70-78.
[93]魏盼盼. 电视在农村留守儿童社会化过程中的作用研究. 郑州：郑州大学学位论文，2013.
[94]佐斌，马红宇. 青少年网络游戏成瘾的现状研究——基于十省市的调查与分析. 华中师范大学学报(人文社会科学版)，2010(4)：117-122.
[95]喻国明，何其聪，吴文汐. 传播学研究范式的创新：以媒介接触与使用的研

究为例——用户媒介接触与使用的研究范式及学术框架. 新闻大学, 2017(1).

[96]叶敬忠, 王伊欢, 张克云. 父母外出务工对农村留守儿童情感生活的影响. 农业经济问题, 2006(4).

[97]易海燕, 陈锦, 杜晓新. 中学生网络依赖程度、内容偏好及社会性发展的研究. 中国特殊教育, 2006(11): 69-73.

[98]袭开国. 农村留守儿童焦虑现状及其个体差异. 中国健康心理学杂志, 2008, 16(4): 466-467.

[99]刘正奎, 高文斌, 王婷, 王晔. 农村留守儿童焦虑的特点及影响因素. 中国临床心理学杂志, 2007, 15(2): 177-182.

[100]罗洛·梅. 焦虑的意义. 朱侃如, 译. 广西师范大学出版社, 2010.

[101]辛自强, 池丽萍. 快乐感与社会支持的关系. 心理学报, 2001, 33(5): 442-447.

[102]周福林, 段成荣. 留守儿童研究综述. 人口研究, 2006(3): 60-65.

[103]斯图尔特 ·霍尔. 编码/译码. //张国良. 20世纪传播学经典文本. 复旦大学出版社, 2003.

[104]彭兰. 自拍: 一种纠结的"自我技术". 新闻大学, 2018(5): 45-55.

[105]赵志裕, 温静, 谭俭邦. 社会认同的基本心理历程——香港回归中国的研究范例. 社会学研究, 2005(5): 202-227.

[106]何瑛. 主观幸福感概论. 重庆师范学院学报(哲社版), 1999(4): 73-81.

二、英文部分

[1]Armstrong A, Hagel J. The real value of On-Linecommunities. Harvard Business Review, 1996, 74 (3): 134-141.

[2]Adams, G. R. and Marshall, S, k.. A developmental social psychology of identity: understanding the person-in-context. *Journal of Adolescence*, 1996(19): 429-442.

[3]Alasuutari, P. Introdution: Three phases of reception studies. //P. Alasuutari. Rethinking the media audience: The new agenda. London: Sage, 1999: 1-21.

[4]Barness H L., Olson D H. Parent-adolesents communication and cirumplex model.

Child Development, 1985(56): 438-447.

[5] Barnes, S. B.. A privacy paradox: Social networking in the United States. First Monday, 2006, 11(9).

[6] Bayraktar, Fatih, Zübeyit Gün. Incidence and Correlates of Internet Usage Among Adolescents in North Cyprus. *Cyber Psychology & Behavior*, 2007, 20 (2): 191-197.

[7] Bechar-Israeli. Hnicknames, play, and identity on internet relay chat. Computer-mediate Communication, 1998, 1(2)(on-line joural).

[8] Boyd, Ellison. Social Network Sites: Definition, History, and Scholarship. *Journal of Computer-Mediated Communication*, 2008, 13: 210-230.

[9] Beavis, C. Computer games. Youth culture, resistant readers and consuming passions. Paper presented at the 1998 Research in Education: Does it Count Australian Association for Research in education annual conference Adelaide, Australia. Retrieved June 3, 2004, from: http://www.aare.edu.au/98pap/bea98139.htm.

[10] Cheek, J. M, Briggs, S. R. Self-consciousness and aspects of identity, *Journal of Research in Personality*, 1982(16).

[11] Chu, K. C.. Gender Reactions to Games for Learning among Fifth and Eighth Graders. Unpublished MA thesis, Michigan State University, 2004.

[12] Charles Horton, Cooley. Social organization. Transaction Pub, 1983.

[13] Christofides, E., Muise, A., Desmarais, S.. Information disclosure and control on Facebook: Are they two sides of the same coin or two different processes. Cyber Psychology & Behavior, 2009, 12: 341-342.

[14] Crook C. Technology, media, social development. In Camp-bell, A. Munler (edited): The social child, Psychology Press LTD, 1998.

[15] Cutrona C. E, Russell, D. W. Type of social support and specific stress: toword and thery of optimal matching. //B. R. Sarason, I. G. Sarason, G. R. Pearce Social Support: An interactional View. New York: Wiley, 1990: 319-366.

[16] Erikson, E, H. Identity and the life cycle: A reissue, W. W. Norton and

Company, Inc, 1980: 109-110.

[17] Garko, M. G. Perspectives On and Conceptualizations of Compliance and Compliance-gaining. Communication quarter, 1990(38): 138-157.

[18] Gerbner, G, Gross, L., Morgan, M., Signorielli, N. Growing up with television: cultivation processes, Mahwah, NJ: Erlbaum, 2002: 17-42.

[19] Goffman, Erving. Fun in Games, Encounters: To Studies in Sociology of Interaction New York: Bobbs-Merrill, 1961: 17-84.

[20] Gross E f, Juvonen J, Gable S L. Internet use and well-being in adolescence. journal of Social Issues, 2002, 58(1): 75-90.

[21] Grotevant, H. D., Toward a process model of identity formation. Journal of Adolescent Reach, 1987, 2(3).

[22] Grotevant, H. D., Cooper, C. R.. The role of family communication patterns in adolescent identity and role taking. Paper presented at the meeting of the Society for Research in Child Development, Detroit. 1983.

[23] Greenfield, P.. Developmental consideration for determining appropriate Internet use guidelines for children and adolescents. Applied Developmental Psychology, 2004, 25: 751-762.

[24] Gross. R. D. Psychology: the Science of Mind Behavior. Abingdon: Hodder Arnold, 2005.

[25] Harry Stack Sullivan. Conceptiongs of Modern Psychiatry. New York: Norton, 1953.

[26] Hall. S., Whannel, P.. The popular arts, Boston: Beacon Press. New York: Pantheon books, 1964: 280-282.

[27] Henri Tajfel. Social Psychology of Intergroup Relations. *Annual Review of Psychology*, 1982, 33: 1-39.

[28] Huntermann, N, Morgan, M. Mass media and identity development. // D. Singer, J. Singer. Handbook of children and the media. Thousand Osks, CA: Sage 2001: 309-322.

[29] Howard R. The Virtual Community: Homesteading on the Electronic Frontier.

MIT: Addison Wesley, 1993.

[30] Howe N, Assee J A, Bukowski W M. Self-disclosure and the sibling relationship: what did Romulus tell Remus? //Rotenberg K J ed. Disclosure Processes in Children and Adolescents (monography). Cambridge, New York: Cambridge University Press, 1994: 78-99.

[31] Isaksen, K J, Roper, S. The commodification of self-esteem: Branding and British teenagers. Psychology and Marketing, 2012, 29(3): 117-135.

[32] Jourard S M. The transparent self. Litton Educational Publishing, Inc, 1971.

[33] James M. Baldwin, Dictionary of Philosophy and Psychology, Volume 1. New York: The Macmillan Company, 1998: 504.

[34] Krotz, F. Who are the new media users? Retrieved May 27, 2002. form http: // www. fathom. com/feature/12229.

[35] Licoppe, C. Connected Presence: The Emergence of a New Repertoire for Managing Social Relationship in a Changing Communication Technoscape, Enviroment and Planning. Social and Space, 2004, 22: 135-156.

[36] Livingston. S. Mediated childhoods: A comparative approach to young people's changing media environment in Europe. European journal of communication, 1998, 13(4): 435-456.

[37] Livestone s. Taking risky opportunities in youthful content creation: teenagers'use of social networking sites for intimacy, privacy and self-expression. New Media &Society, 2008, 10(3): 393-411.

[38] Lucas, K., Sherry, J. L. Sex differences in video game play: A communication-based explanation. Communication Research, 2004, 31: 499-523.

[39] Macia, J. E.. Development and validation of ego identity status. Jurnal of personality and social Psychology, 1966, 3(5).

[40] Maczewski. M. Exploring Identity through the Internet: Youth Experiences Online. Child and Youth Care Forum, 2002, 31(2): 111-127.

[41] Mclaughlin, C., Vitak, J.. Norm evolution and violation on Facebook. New Media & Society, 2012(14): 299-315.

[42] Mark. s Granovetter. The Strength of Week Ties. American Joural of sociology, 1973, 78(6): 1360-1380.

[43] Matsuba, M. K.. Searching for self and relationships online. Cyberpsychology & Behavior, 2006(3): 275-284.

[44] Mc Adams, D. The Stories We Live by: Personal Myths and the Making of the Self. New York: Morrow, 1993.

[45] McKenna, K, Y, A., Green, A. S., Gleason, M. E. J. Relationship formation the Internet: What's the big attraction. The Joural of Social Issues, 2002, 58: 9-31.

[46] McKenna, K. Y. A., Bargh, J.. Plan 9 from Cyberspace: the implications of internet for personality and social psychology. Personality and Social Psychology Review, 2000(4): 57-75.

[47] NH Nie, DS Hillygus, L Erbring. Internet Use, Interpersonal Relations, and Sociability: A Time Diary Study. Internet in Everyday Life, 2002: 213-243.

[48] Pierre Bourdieu. Social Space and Symbolic Power. Sociological Theory, 1989, 7 (1): 14-25.

[49] Rogers, C. Client-concerned therapy: Its current practice, implication and theory. Boston: Houghton Mifflin, 1951.

[50] Rogers, C. On Becoming a Person. New York: Houghton Mifflin, 1961.

[51] Smahel, D.. Identity of Czech adolescents-Relation of cyberspace and reality. Paper presented at 9th European Congress of Psychology, Cranada, Spain. http: // www. terapie. cz/materials/granada2005-smahel. pdf, 2005.

[52] Subrahmanyam et. al.. Online and offline social networks: Use of social networking sites by emerging adults. Journal of Applied Developmental Psychology. 2008, 29: 420-433.

[53] Subrahmanyam, K., Šmahel, D., Greenfield, P. M. Connecting developmental construction to the internet: Identity presentation and sexual exploration in online teen chat rooms. Developmental Psychology, 2006, 42: 395-406.

[54] Subrahmanyam K., Garcia, E. C., Harsono, S. L, li, J., Lipana, L. In their

words: Connecting online weblogs to developmental process. British Journal of Developmental Psychology, 2009, 27: 219-245.

[55] Stuart Hall. Who need identity//Stuart Hall, Paul du Gay. Questions of Cultural Identity. London, Sage1996: 3-4.

[56] Turkle, Sherry. Looking Toward Cyberspace: Beyond Grounede Sociology: Cyberspace and Identity. Cmontemporary Sociology, 1999, 28(6): 643-648.

[57] Untemannn, Morgan, M. Mass media and identity formation. //D. G. Singer, J. L. Singer. Handbook of children and the media. Thou sand Oaks: Sage, 2001: 309-332.

[58] Urry, J. Mobilities. Cambridge: Polity, 2007.

[59] Valkenvurg PM, Schouten A P, Peter J. Adolescents' identity experiments on the internet. New Media&Society, 2005, 7(3): 383-402.

[60] Vasalou A, Joinson A N. Me, myselfand I: the role of interaction context on self-presentation through avatars. Computers in Human Behavior, 2009, 25(2): 510-520.

[61] Walther JB, Liang YJ, De Andrea DC, et al. The effect of feedback on identity shift in computer-mediated communication. Media Psychology, 2011, 14(1): 1-26.

[62] Yurchisin, J, Watchravesringkan, K, Brown, M. C. An exploration of identity re-creation in the context of internet dating. Social Behavior &personality: An Internet Journal, 2005, 33(8): 735-750.

附录1：

农村青少年媒介使用情况调查问卷

亲爱的同学：

本次调查不记名，也不作为评价学生的依据。请认真回答每一道题，不要漏答或不答。调查资料仅用于学术研究，我们会对你的回答保密。

请注意：

1. 在所选答案的序号上划“√”，或将答案填写相应的横线上。选择其他的，请将具体情况填写在横线上。

2. 除了注明多选的题目外，每题只能选择一个答案。

3. 答案没有好坏对错之分，请填写自己的真实情况和真实感受，无需过多思考。如有问题请举手示意。

非常感谢你的支持！

农村青少年媒介使用情况调研课题组

2018年3月

第一部分

1. 性别：________ 2. 年龄：________ 3. 年级：________

4. 民族：①汉族　　②______族

5. 你家的经济状况？

①非常好　　②比较好　　③一般

④比较差　　⑤非常差

6. 你的父母是否外出打工？

①是　　②否(选②跳到第12题)

7. 家里谁在外打工？

①爸爸　　②妈妈　　③父母两人

④其他 ________

8. 你父(母)外出打工多长时间了？(如果父母外出时间不一样，写较长的那个时间)

①半年以内　　②半年到一年　　③一年到两年

④两年以上

9. 你和外出打工的父(母)联系的次数？(　　)

①基本不联系(每周少于1次)　　②很少联系(每周1~2次)

③有时联系(每周3~4次)　　④每天联系

10. 你和外出打工的父(母)最常用的联系方式是？

①写信　　②打电话　　③发短信

④网络聊天或视频

⑤其他

11. 你现在跟谁住在一起？

①爸爸　　②妈妈　　③爷爷奶奶或外公外婆

④叔叔舅舅或姨妈姑妈等长辈　　⑤自己一个人

⑥其他________

第二部分

12. 你听广播吗？

①基本不听(每周少于1次)　　②很少听(每周1~2次)

③有时听(每周3~4次)　　④每天听

13. 你看报纸杂志吗？

①基本不看(每周少于1次)　　②很少看(每周1~2次)

③有时看(每周3~4次)　　④每天看

14. 你看电视吗？

①基本不看(每周少于1次)　　②很少看(每周1~2次)

③有时看(每周3~4次)　　④每天看

15. 你一般和谁一起看电视？

①自己一个人　②同学或兄妹　③父母

④爷爷奶奶　⑤其他________

16. 过去一周，你看电视的时间有多长？

①少于1小时　②1~2小时　③2~3小时

④3小时以上

17. 你家里有电脑吗？

①有　②没有

18. 你用电脑上网吗？（选②跳到第21题）

①使用　②不使用

19. 你用电脑上网的频率？

①基本不使用(每周少于1次)　②很少使用(每周1~2次)

③有时使用(每周3~4次)　④每天使用

20. 过去一周，你用电脑上网的时间有多长？

①1小时以内　②1~2小时　③2~3小时

④3小时以上

21. 你有手机吗？

①有　②没有

22. 你用自己或家人的手机上网吗？

①使用　②不使用(选②跳到第25题)

23. 你用手机上网的频率？

①基本不使用(每周少于1次)　②很少使用(每周1~2次)

③有时使用(每周3~4次)　④每天使用

24. 过去一周，你用手机上网的时间有多长？

①少于1小时　②1~2小时　③2~3小时

④3小时以上

25. 你一般在什么地方上网？

①家里　②学校　③同学家

④网吧　⑤其他________

26. 你使用 QQ 吗？

①不使用　　②使用

27. 你使用微信吗？

①不使用　　②使用

28. 你使用微博吗？

①不使用　　②使用

29. 你使用社交软件(QQ、微信、微博)的频率？

①基本不使用(每周少于 1 次)　　②很少使用(每周 1~2 次)

③有时使用(每周 3~4 次)　　④每天使用

30. 你使用社交软件(QQ、微信、微博)有多长时间了？

①半年以内　　②半年至一年　　③一年至两年

④两年以上

31. 你在 QQ、微信上有多少好友？

①5 个以内　　②5~10 个　　③11~30 个

④31~50 个　　⑤50 个以上

32. 我们想了解你上网的一些情况，1~5 表示你从事这些活动的频繁程度，请在符合自己情况的数字上划✓

上网行为		从不	偶尔	有时	经常	总是
(1)	搜索信息	1	2	3	4	5
(2)	看新闻	1	2	3	4	5
(3)	玩游戏	1	2	3	4	5
(4)	和朋友聊天	1	2	3	4	5
(5)	看电视	1	2	3	4	5
(6)	看小说	1	2	3	4	5
(7)	抢红包	1	2	3	4	5
(8)	发帖或转发感兴趣的内容	1	2	3	4	5
(9)	下载资料	1	2	3	4	5
(10)	听音乐	1	2	3	4	5
(11)	购物	1	2	3	4	5

续表

上网行为		从不	偶尔	有时	经常	总是
(12)	在QQ空间/朋友圈发照片或心情状态	1	2	3	4	5
(13)	给好友点赞	1	2	3	4	5
(14)	与远方的亲人联系	1	2	3	4	5

33. 仔细阅读下面的说法，1~5表示所描述的情形与你实际情况的符合程度。请在符合你自己情况的数字上划✓

		非常不符合	比较不符合	有些符合	比较符合	非常符合
a	上网是我生活中不可缺少的一部分	1	2	3	4	5
b	虽然还有别的事情要做，还是忍不住再上一会儿网	1	2	3	4	5
c	上网的时间总是超出我的计划	1	2	3	4	5
d	曾经熬夜上网娱乐或聊天	1	2	3	4	5
e	父母或老师曾经抱怨我花在网上的时间太多	1	2	3	4	5

34. 我们想了解你对生活的一些看法，1—5代表你对这些说法的同意程度，请根据你的真实感受，在最符合的数字上打“✓”

		非常不同意	不同意	无所谓	同意	非常同意
a	总的来说，我的生活接近理想状态	1	2	3	4	5
b	我的生活情况很好	1	2	3	4	5
c	我已得到生活中想要的东西	1	2	3	4	5
d	我对自己的生活满意	1	2	3	4	5
e	如果人生可以重来，我基本不会选择改变任何东西	1	2	3	4	5

附录 2：

访谈对象的基本资料

编号	性别	年龄	年级	留守情况
M1	男	14 岁	九年级	父亲在外打工，跟爷爷奶奶一起生活
M2	男	14 岁	九年级	父母在外打工，跟表姐一起生活
F1	女	15 岁	九年级	父母在外打工，跟爷爷奶奶一起生活
M3	男	14 岁	九年级	父母外出打工，跟爷爷奶奶一起生活
M4	男	12 岁	七年级	父母在外打工，跟爷爷奶奶一起生活
M5	男	15 岁	九年级	父亲外出打工，跟爷爷奶奶一起生活
F2	女	15 岁	九年级	父母外出打工，跟外公外婆一起生活
F3	女	12 岁	七年级	父母外出打工，跟爷爷奶奶一起生活
F4	女	12 岁	七年级	父母外出打工，跟爷爷奶奶一起生活
M6	男	12 岁	七年级	父母外出打工，跟爷爷奶奶一起生活
F5	女	14 岁	八年级	妈妈在外打工，跟姨妈姨父一起生活
M7	男	13 岁	七年级	父母在外打工，跟爷爷奶奶一起生活
F6	女	14 岁	八年级	父亲在外打工，跟妈妈和姐姐一起生活
M8	男	14 岁	八年级	父亲在外打工，跟妈妈和奶奶一起生活
M9	男	13 岁	七年级	父母在外打工，跟爷爷奶奶和姐姐一起生活
F7	女	15 岁	九年级	父母在外打工，跟爷爷奶奶一起生活
F8	女	15 岁	九年级	父母在外打工，跟爷爷奶奶一起生活
M10	男	15 岁	八年级	父母在外打工，跟爷爷奶奶一起生活
F9	女	16 岁	九年级	父母在外打工，跟爷爷奶奶和弟弟一起生活
F10	女	15 岁	九年级	父母在外打工，跟爷爷奶奶和弟弟一起生活
M11	男	13 岁	七年级	父母在外打工，跟爷爷奶奶一起生活

续表

编号	性别	年龄	年级	留守情况
F11	女	13岁	七年级	父亲在外打工，跟爷爷奶奶一起生活
M12	男	14岁	八年级	父母在外打工，跟爷爷奶奶和妹妹一起生活
F12	女	15岁	九年级	父母在外打工，跟姐姐一起生活
M13	男	14岁	八年级	父母在外打工，跟爷爷奶奶和哥哥、妹妹一起生活
M14	男	14岁	八年级	父母在外打工，跟爷爷和弟弟一起生活
F13	女	16岁	九年级	父母在外打工，跟爷爷奶奶、伯父伯母和弟弟一起生活
M15	男	16岁	九年级	父母在外打工，跟爷爷奶奶一起生活
M16	男	13岁	七年级	父母在外打工，跟爷爷奶奶一起生活
F14	女	13岁	七年级	父母在外打工，跟爷爷奶奶一起生活

附录3：

农村留守儿童深度访谈提纲

1. 自我介绍一下吧，说说你的性格、爱好和平时的生活。

2. 你有自己的电脑或手机吗？是什么样的电脑(手机)？(品牌、颜色、功能)经常用它来做什么？

3. 你用QQ或者微信、微博吗？有多少好友？都是些什么人？

4. 你会在QQ空间或朋友圈里发动态吗？一般会发哪些内容？为什么？

5. 你的朋友会在QQ空间或朋友圈里给你的帖子(照片)评论或者点赞吗？留言一般都是哪些内容？你在意这些评论或点赞吗？你会给朋友点赞或评论吗？为什么？

6. 你加入了QQ群或者微信群吗？都是一些什么样的群？平时会在群里聊些什么？你喜欢在群里聊天吗？为什么？

7. 你的网名叫什么？为什么起这个名字？有什么特别的意义吗？你的头像是什么？为什么会用这个头像？会在QQ的资料栏公开自己的真实信息吗？为什么？

8. 你玩网络游戏吗？玩过哪些游戏？最喜欢玩的游戏是什么？它跟你之前玩的游戏有什么不同吗？说说你玩这个游戏的经历。

9. 你认为网络中的你和现实中的你有差别吗？具体说一下。

10. 网络让你交到了一些新朋友吗？比如说？上网对你和现实中朋友的关系有没有影响？

11. 你还有经常用的App吗？为什么喜欢用这些App？

12. 你有喜欢的明星吗？为什么喜欢他(她)？一般通过什么渠道了解他的消息？会不会买明星们代言的产品？为什么？

13. 你觉得父母外出打工对自己的生活有哪些影响？举个例子。

14. 平时都怎么跟在外的父母联系？多久联系一次？你们联系时一般会说些什么？

15. 看到过电视或网上关于留守儿童的报道吗？你怎么看待这些报道？为什么？

16. 你的理想是什么？为什么会有这样的理想？

17. 你认为自己是一个什么样的人？评价一下自己，说说自己的优点和缺点。

后　　记

改完书稿的最后一个标点，合上电脑，三年前调研路上的情景又一次浮现在眼前。弯弯曲曲的盘山公路，道路两旁的梧桐和银杏，贵州山间连绵的雨，以及那些我记得或不记得名字的孩子们，依然那么清晰。

这本书是在我博士论文的基础上修改完善而成。为了完成这项研究，2016年到2018年之间，我曾多次往返于贵州黔东南、黔西南、黔南、遵义等地区的乡镇学校。记得我访谈的第一个孩子，一个12岁的男孩，礼貌而拘谨，几乎问什么都回答“不知道”“我没有”，一双大眼里满是戒备与警惕。从小就跟奶奶生活在一起的他，小小年纪就已经学会洗衣服做饭，学会照顾自己，也学会了沉默。当然，也有不少孩子愿意与我对话，向我倾诉他们的生活。我曾经尝试着跟他们建立信任与友谊，然而，只有两个孩子后来在QQ里跟我有联系。其中一个问起大学的生活是什么样的，后来我想找他了解访谈中的一个细节，联系过两次，但都是几天以后才有回复。另外一个在中考后因为填报高中志愿的问题，她跟父母的意见不合，询问我的建议，上高中之后便再无音讯。短暂的交集之后，我们终究如同保罗·拉比诺所言，相互之间仍然是“深层意义上的他者”。

作为一个博士研究生，经常会被朋友追问：“你研究的是什么?”当听到我说出“留守儿童”这个词时，他们大抵会有两种反应：有的会说“传播学还研究这个？这不是社会学研究的问题么?”，有的会说“留守儿童不都是游戏成瘾么，有什么值得研究的”。当我反问：“你认识留守儿童么？你跟他们近距离接触过么?”，沉默之后，话题便难以再继续。留守儿童不是“不良儿童”，留守儿童也不是“问题儿童”。因为不同的意义之网分隔了“我们”与“他们”，我们可能很难从他们的视角出发去理解他们的实践创造的意义，以及他们如何定义过去、现在和将来的自我。我能做的，仅仅不过是将他们的故事以我们的方式讲述出来。

回想五年前，36岁“高龄”的我怀揣着尚未冷却的理想，远赴杭州求学，激动不已，却又心怀忐忑。读博，于我而言，是一场圆梦之旅，也是一场追梦之旅，人生从此有了更多的可能性。西溪校园里的海棠花、鸽子屋的学术冷餐会、北园十七舍不到十平米的“豪宅”、总也啃不完的文献……在浙里三年多的学习时光，痛并快乐着，有付出、有艰辛、有收获、更有坚持。

感谢我的导师吴飞教授。都说好老师可遇不可求，遇上了就是一生之幸。吴老师身上有着传统中国知识分子的气质——正直、真诚、有情怀。他不仅学识渊博，治学严谨，更难得的是虚怀若谷，淡泊名利，就像一座灯塔为我们照亮前行的路。我们习惯称呼他为“师父”，的确，他既是严师，又像慈父，除了教我们如何做学问，也教我们如何做人做事。感谢我的师母杨建娟老师，江南女子的温婉、娴静、优雅，在她身上都能感受到。平日里虽然没有太多的交谈，但师母的关爱总是藏在那些看似不起眼的细节中，云淡风轻，却又触动我心。离开杭州三年了，老师家里的满屋书香和一缕茶香，仍时时在我心头萦绕。

感谢浙江大学传媒与国际文化学院韦路教授、李红涛教授、李岩教授、章宏老师、邵志择老师对我的帮助、指导和鼓励，是他们给我提供了丰富的学术养分，培养了我严谨的学习态度，为我完成博士论文的研究打下了坚实的基础。当然，我所做的，离他们的期望还有很大差距。

感谢我的博士同窗，与他们一起讨论学术、漫步西湖的日子令我难忘。感谢我的同门兄弟姐妹，感恩缘分让我们相识、相知。感谢一同在浙求学的同事，他们的陪伴与鼓励，给予我坚持走下去的力量。友谊，是我在这段旅途中收获的最珍贵的风景。

感谢所有接受问卷调查与访谈的孩子们，为我提供帮助的乡镇学校的老师们，以及参与调研的同学们，没有他们的配合与支持，这项研究不可能完成。

最后，我要感谢我的家人，他们对我的选择给予了最大的理解与支持。尤其是我的母亲，是她把年幼的儿子接到老家上学，又不辞辛苦地照顾了他两年，让我可以心无旁骛地学习。大爱无言，这一生对母亲亏欠得太多太多，唯愿她永远健康、快乐！

唐　娟

2021年1月于贵阳花溪